Beiträge zu besonderen Problemen des Arbeitsrechts

Band 53

Hannah Rußegger

Unionsrechtskonformität des Urlaubsgesetzes

Eine Untersuchung ausgewählter Spannungsfelder

ÖGB VERLAG

Die Inhalte in diesem Buch sind von der Autorin und dem Verlag sorgfältig erwogen und geprüft, dennoch kann eine Garantie nicht übernommen werden. Eine Haftung der Autorin bzw des Verlages und seiner Beauftragten für Personen-, Sach- und Vermögensschäden ist ausgeschlossen.

Verlag des Österreichischen Gewerkschaftsbundes GmbH
Johann-Böhm-Platz 1
1020 Wien
Tel. Nr.: 01/662 32 96-0
Fax Nr.: 01/662 32 96-39793
E-Mail: office@oegbverlag.at
Web: www.oegbverlag.at

Medieninhaber: Verlag des ÖGB GmbH, Wien

Hersteller: Verlag des ÖGB GmbH, Wien
Verlags- und Herstellungsort: Wien
Druck: CPI Druckdienstleistungen GmbH, Ferdinand-Jühlke-Straße 7, 99095 Erfurt
ISBN 978-3-99046-696-4

Vorwort

Das Urlaubsgesetz wurde seit seiner Einführung im Jahr 1976 insgesamt zwanzigmal novelliert. Nur sechs dieser Novellierungen fallen dabei in den Zeitraum der letzten zwanzig Jahre. Das Urlaubsgesetz führte in Österreich daher eher ein Schattendasein – zumindest bis zu jenem Zeitpunkt, als das Urlaubsrecht auf Unionsebene stärker in den Fokus des Europäischen Gerichtshofs gerückt ist und dieser etwa zu Beginn der 2010er-Jahre verstärkt begonnen hat, das Urlaubsrecht durch seine Entscheidungen gewissermaßen auf den Kopf zu stellen. Diese Rsp erweckte folglich auch im juristischen Schrifttum in Österreich Zweifel an der Unionsrechtskonformität des Urlaubsgesetzes, wodurch dieses wieder zum Diskussionsgegenstand wurde und aus seinem Schattendasein hervortrat. Diese Entwicklungen machen das Urlaubsgesetz und speziell die Frage nach dessen Unionsrechtskonformität aktuell zu einem spannenden Untersuchungsgegenstand. Diesem widmet sich das vorliegende Buch, welches auf meiner im September 2022 an der Paris-Lodron-Universität Salzburg approbierten Masterarbeit basiert, auf umfassende Weise.

Ohne die Unterstützung bestimmter Personen wäre die Fertigstellung und Publikation dieses Buches jedoch nicht möglich gewesen. Ich möchte daher an dieser Stelle die Möglichkeit nutzen, diesen Personen meinen Dank auszusprechen: Der größte Dank gebührt meiner Familie. Vor allem meine Eltern, meine Geschwister und mein Freund haben mich während meines Studiums umfassend unterstützt und gerade während der Erstellung meiner Masterarbeit Rahmenbedingungen geschaffen, die es bedeutend erleichtert haben, dass ich mich auf das Schreiben der Arbeit konzentrieren konnte. Besonderen Dank möchte ich zudem Herrn Univ.-Prof. Dr. Rudolf Mosler aussprechen, der mich als Betreuer der diesem Buch zugrundeliegenden Masterarbeit durch seine Verbesserungsvorschläge, Ratschläge und Ideen beim Schreiben unterstützt hat und sich nach Fertigstellung meiner Arbeit dafür eingesetzt hat, mir eine Möglichkeit zu verschaffen, diese auch publizieren zu können. Tatsächlich ermöglicht hat diese Publikation sodann der Verlag des ÖGB, wobei mein spezieller Dank für die Veröffentlichung Frau Mag.a Evelyn Beyer und Frau Mag.a Iris Kraßnitzer gilt.

Seekirchen, im Januar 2024 *Hannah Rußegger*

Inhaltsverzeichnis

Abkürzungsverzeichnis

§	Paragraf
AB	Ausschussbericht
ABGB	Allgemeines bürgerliches Gesetzbuch für die gesammten deutschen Erbländer der Oesterreichischen Monarchie, JGS 946/1811 idgF
ABl	Amtsblatt
Abs	Absatz
AEUV	Vertrag über die Arbeitsweise der Europäischen Union, BGBl III 86/1999 idgF
AG	Arbeitgeber/Arbeitgeberin/Arbeitgeberinnen
AK	Arbeiterkammer
AKT	Auto- ja Kuljetusalan Työntekijäliitto ry
AlVG	Arbeitslosenversicherungsgesetz 1977, BGBl 609/1977 idgF
AN	Arbeitnehmer/Arbeitnehmerin/Arbeitnehmerinnen
ANGED	Asociación Nacional de Grandes Empresas de Distribución
AngG	Bundesgesetz vom 11. Mai 1921 über den Dienstvertrag der Privatangestellten (Angestelltengesetz), BGBl 292/1921 idgF
Anm	Anmerkung
AnwBl	Anwaltsblatt [Zeitschrift]
ARÄG 2000	Arbeitsrechtsänderungsgesetz 2000 (BGBl I 44/2000)
ArbR Aktuell	Arbeitsrecht Aktuell [Zeitschrift]
ArbVG	Bundesgesetz vom 14. Dezember 1973 betreffend die Arbeitsverfassung (Arbeitsverfassungsgesetz), BGBl 22/1974 idgF
ARD	Aktuelles Recht zum Dienstverhältnis [Zeitschrift]
Art	Artikel
ASoK	Arbeits- und SozialrechtsKartei [Zeitschrift]
AZ-RL	Arbeitszeitrichtlinie
AZG	Bundesgesetz vom 11. Dezember 1969 über die Regelung der Arbeitszeit (Arbeitszeitgesetz), BGBl 461/1969 idgF
B-VG	Bundes-Verfassungsgesetz, BGBl 1/1930 idgF
BAG	Bundesarbeitsgericht [Deutschland]

BECTU	Broadcasting, Entertainment, Cinematographic and Theatre Union
BGB	Bürgerliches Gesetzbuch [Deutschland]
BGBl	Bundesgesetzblatt
BlgNR	Beilage(n) zu den stenographischen Protokollen des Nationalrates
BMSVG	Betriebliches Mitarbeiter- und Selbständigenvorsorgegesetz, BGBl I 100/2002 idgF
BR	Betriebsrat
BUrlG	Bundesurlaubsgesetz [Deutschland]
BV	Betriebsvereinbarung
bzgl	bezüglich
bzw	beziehungsweise
CEEP	European Centre of Enterprises with Public Participation (Europäischer Zentralverband der öffentlichen Wirtschaft)
DEB	Deutsche Energiehandels- und Beratungsgesellschaft mbH
DRdA	Das Recht der Arbeit [Zeitschrift]
EC	European Commission (Europäische Kommission)
EFZG	Bundesgesetz vom 26. Juni 1974 über die Fortzahlung des Entgelts bei Arbeitsverhinderung durch Krankheit (Unglücksfall), Arbeitsunfall oder Berufskrankheit (Entgeltfortzahlungsgesetz), BGBl 399/1974 idgF
EG	Europäische Gemeinschaft
EGB	Europäischer Gewerkschaftsbund
EGV	Vertrag zur Gründung der Europäischen Gemeinschaft
EMRK	Konvention zum Schutze der Menschenrechte und Grundfreiheiten, BGBl 210/1958 idgF
Erl	Erläuterung
ErlRV	Erläuterungen zur Regierungsvorlage
etc	et cetera
EU	Europäische Union
EuGH	Europäischer Gerichtshof
EUrlVO	Verordnung über den Erholungsurlaub der Beamtinnen, Beamten und Richterinnen und Richter des Bundes (Erholungsurlaubsverordnung) [Deutschland]

EUV	Vertrag über die Europäische Union, BGBl III 85/1999 idgF
EuZA	Europäische Zeitschrift für Arbeitsrecht [Zeitschrift]
EuZW	Europäische Zeitschrift für Wirtschaftsrecht [Zeitschrift]
EvBl	Evidenzblatt der Rechtsmittelentscheidungen (Österreichische Juristen-Zeitung) [Zeitschrift]
f/ff	folgend/fortfolgend
Fn	Fußnote
GA	Generalanwalt/Generalanwältin
gem	gemäß
GP	Gesetzgebungsperiode
GPR	Zeitschrift für das Privatrecht der Europäischen Union [Zeitschrift]
GRC	Charta der Grundrechte der Europäischen Union, ABl C 2016/202, 389 idgF
grds	grundsätzlich
hA	herrschende Ansicht
Hg	Herausgeber/Herausgeberin/Herausgeberinnen
hM	herrschende Meinung
idF	in der Fassung
idgF	in der geltenden Fassung
idR	in der Regel
iS	im Sinne
iVm	in Verbindung mit
JAP	Juristische Ausbildung und Praxisvorbereitung [Zeitschrift]
JAS	Journal für Arbeits- und Sozialrecht [Zeitschrift]
JBl	Juristische Blätter [Zeitschrift]
JGS	Justizgesetzsammlung
JRP	Journal für Rechtspolitik [Zeitschrift]
JuS	Juristische Schulung [Zeitschrift]
L-VBG	Gesetz über das Dienstrecht der Bediensteten des Landes Tirol (Landesbedienstetengesetz), LGBl 2/2001 idgF
LG	Landesgericht

mE	meines Erachtens
MS	Mitgliedstaat
MSchG	Mutterschutzgesetz 1979, BGBl 221/1979 idgF
Nr	Nummer
NZA	Neue Zeitschrift für Arbeitsrecht [Zeitschrift]
ÖGB	Österreichischer Gewerkschaftsbund
OGH	Oberster Gerichtshof
ÖJZ	Österreichische Juristen-Zeitung [Zeitschrift]
OLG	Oberlandesgericht
ÖZPR	Österreichische Zeitschrift für Pflegerecht [Zeitschrift]
PV-Info	Personalverrechnung-Info [Zeitschrift]
PV Profi	Personalverrechnung topaktuell und praxisnah [Zeitschrift]
RDB	Rechtsdatenbank vom MANZ Verlag
RdW	Recht der Wirtschaft [Zeitschrift]
RGBl	Reichsgesetzblatt
RIS	Rechtsinformationssystem
RL	Richtlinie
Rs	Rechtssache
Rsp	Rechtsprechung
Rz	Randziffer
S	Satz
SpuRt	Sport und Recht [Zeitschrift]
StGBl	Staatsgesetzblatt
stRsp	ständige Rechtsprechung
TSN	Terveys- ja sosiaalialan neuvottelujärjestö ry
ua	und andere
UAbs	Unterabsatz
UK	United Kingdom
UNICE	Union of Industrial and Employer's Confederations of Europe (Union der Industrie- und Arbeitgeberverbände Europas)

UrlG	Bundesgesetz vom 7. Juli 1976 betreffend die Vereinheitlichung des Urlaubsrechtes und die Einführung einer Pflegefreistellung, BGBl 390/1976 idgF
VBG	Bundesgesetz vom 17. März 1948 über das Dienst- und Besoldungsrecht der Vertragsbediensteten des Bundes (Vertragsbedienstetengesetz 1948), BGBl 86/1948 idgF
VKG	Bundesgesetz, mit dem Karenz für Väter geschaffen wird (Väter-Karenzgesetz), BGBl 651/1989 idgF
VO	Verordnung
VwGH	Verwaltungsgerichtshof
wbl	Wirtschaftsrechtliche Blätter [Zeitschrift]
WK	Wirtschaftskammer
Z	Ziffer
ZAS	Zeitschrift für Arbeits- und Sozialrecht [Zeitschrift]
zB	zum Beispiel
ZESAR	Zeitschrift für europäisches Sozial- und Arbeitsrecht [Zeitschrift]
ZPO	Gesetz vom 1. August 1895, über das gerichtliche Verfahren in bürgerlichen Rechtsstreitigkeiten (Zivilprozessordnung), RGBl 113/1895 idgF

Einleitung

Die Einführung des UrlG kann wohl als eine der bedeutendsten Errungenschaften des österreichischen Urlaubsrechts angesehen werden. Das UrlG schaffte im Jahr 1976 ein gemeinsames Urlaubsrecht für Arbeiter, Arbeiterinnen und Angestellte und sah einen vierwöchigen Mindesturlaubsanspruch vor,[1] welcher 1983 auf den fünf- bzw sechswöchigen Jahresurlaubsanspruch erhöht wurde,[2] wie er heute noch in § 2 Abs 1 UrlG zu finden ist. Die Anfänge des gesetzlichen Urlaubsrechts reichen aber noch viel weiter zurück – nämlich in das Jahr 1910. In diesem Jahr wurde im Handlungsgehilfengesetz erstmalig für bestimmte Angestellte ein Anspruch auf bezahlten Erholungsurlaub (abhängig von der Beschäftigungsdauer) gesetzlich niedergeschrieben.[3] Als weitere Meilensteine folgten 1919 das erste Arbeiterurlaubsgesetz[4] und 1922 das AngG[5], die dazu beigetragen haben, dass ab 1922 alle AN in den Genuss eines Erholungsurlaubs gekommen sind.[6] Die nächsten Errungenschaften konnten dann erst in der Nachkriegszeit des Zweiten Weltkriegs mit dem neuen Arbeiterurlaubsgesetz[7] aus dem Jahr 1946 und dem 1964 zwischen ÖGB und WK abgeschlossenen Generalkollektivvertrag verzeichnet werden, mit dem ein dreiwöchiger Mindesturlaub eingeführt wurde.[8]

Heute kommt dem Urlaub und damit auch dem Urlaubsrecht eine zunehmend bedeutende Rolle zu. Die Arbeitswelt hat sich in den letzten Jahren stark verändert, sodass heute sowohl Unternehmen als auch AN einem ansteigenden Anpassungs- und Leistungsdruck ausgesetzt sind.[9] Dieser Druck hat bereits dazu geführt, dass sich die Krankenstandsfälle und -tage aufgrund psychischer Erkrankungen und Verhaltensstörungen seit den 1990er-Jahren mehr als verdreifacht haben.[10] Urlaub kann hier Abhilfe schaffen: Er reduziert Stress, Depressionen und das Gefühl von Burnout und wirkt sich damit positiv auf die Psy-

---

1 § 2 Abs 1 UrlG idF 390/1976.

2 § 2 Abs 1 UrlG idF 81/1983.

3 § 17 Handlungsgehilfengesetz (Gesetz über den Dienstvertrag der Handlungsgehilfen und anderer Dienstnehmer in ähnlicher Stellung, RGBl 20/1910).

4 Anm: Das Arbeiterurlaubsgesetz (Gesetz vom 30. Juli 1919 über den Urlaub von Arbeitern, StGBl 395/1919) vermittelte gewissen Arbeitern und Arbeiterinnen ebenfalls einen gesetzlichen Anspruch auf bezahlten Urlaub (§ 1 Abs 1).

5 Anm: Das AngG löste das Handlungsgehilfengesetz ab (Art 1) und räumte den Angestellten einen Rechtsanspruch auf einen zweiwöchigen Mindesturlaub ein (§ 17 Abs 1).

6 *Cerny*, Urlaubsrecht: Gesetze und Kommentare Nr 4[10] (2011) 16; *Pellar*, Urlaub – vom Privileg zum Rechtsanspruch.

7 Bundesgesetz vom 25. Juli 1946 über den Urlaub von Arbeitern, BGBl 173/1946 idF 173/1946.

8 *Cerny*, Urlaubsrecht[10] 17.

9 *AK*, Stress am Arbeitsplatz.

10 *Mayrhuber/Bittschi*, Fehlzeitenreport 2021, 52 ff.

che aus.[11] Darüber hinaus verbessert Urlaub das Wohlbefinden und steigert die Lebenszufriedenheit und qualität.[12] Es verwundert daher nicht, dass der ÖGB heute eine leichtere Erreichbarkeit der sechsten Urlaubswoche für alle fordert.[13] Wenig verständlich ist hingegen, warum dieser Forderung nicht Rechnung getragen wird. Urlaub wirkt sich nämlich nicht nur positiv auf die AN aus, sondern bringt auch den AG Vorteile: Gesunde und glückliche AN sind nämlich unter anderem produktiver, kreativer, erbringen bessere Leistungen und verursachen geringere Kosten im Hinblick auf Abwesenheiten, was sich alles positiv auf die finanzielle Performance des Unternehmens auswirkt.[14] Darüber hinaus ist Urlaub aber auch für Personalabteilungen äußerst relevant, um AN zu rekrutieren, zu motivieren und zu binden.[15] Von einem weitergehenden Urlaubsanspruch würden daher im Ergebnis nicht nur die AN profitieren.

Abseits der politisch-gesellschaftlichen Ebene ist das Urlaubsrecht in den letzten Jahren aber auch auf rechtlicher Ebene wieder stärker in den Fokus gerückt. Der Grund dafür liegt in der regen Rechtsprechungstätigkeit des EuGH zum Urlaubsrecht der Union. Dieses besteht im Wesentlich zwar nur aus zwei Bestimmungen – Art 7 AZ-RL[16], der einen bezahlten Mindestjahresurlaub von vier Wochen vorschreibt, und Art 31 Abs 2 GRC, der dieses Recht als Grundrecht verankert. Mit diesen beiden Bestimmungen hat sich der

11 Siehe zB *Etzion*, Annual Vacation: Duration of Relief From Job Stressors and Burnout, Anxiety, Stress, and Coping 2003/16/2, 213 (223 f); *Westman/Etzion*, The Impact of Vacation and Job Stress on Burnout and Absenteeism, Psychology & Health 2001/16/5, 595 (602).

12 Siehe zB *de Bloom/Kompier/Geurts/Weerth/Taris/Sonnentag*, Do We Recover From Vacation? Meta-Analysis of Vacation Effects on Health and Well-Being, Journal of Occupational Health 2009/51/1, 13 (23); *Dolnicar/Yanamandram/Cliff*, The Contribution of Vacations to Quality of Life, Annals of Tourism Research 2012/39/1, 59 (74).

13 *Bürgmann*, Mehr Urlaub für alle!

14 Siehe zB *Isham/Mair/Jackson*, Wellbeing and Productivity: A Review of the Literature. CUSP Working Paper Series Nr 22 (2020) 1; *Kim/Kolb/Kim*, The Relationship Between Work Engagement and Performance: A Review of Empirical Literature and a Proposed Research Agenda, Human Resource Development Review 2012/12/3, 248 (253); *Kühnel/Sonnentag*, How Long Do You Benefit From Vacation? A Closer Look at the Fade-Out of Vacation Effects, Journal of Organizational Behavior 2011/32/1, 125 (137); *Oswald/Proto/Sgroi*, Happiness and Productivity, Journal of Labor Economics 2015/33/4, 789 (806); *Rongen/Robroek/Schaufeli/Burdorf*, The Contribution of Work Engagement to Self-Perceived Health, Work Ability, and Sickness Absence Beyond Health Behaviors and Work-Related Factors, Journal of Occupational and Environmental Medicine 2014/56/8, 892 (895); *Syrek/de Bloom/Lehr*, Well Recovered and More Creative? A Longitudinal Study on the Relationship Between Vacation and Creativity, Frontiers in Psychology 2021/12, 1 (6).

15 Siehe zB *Kim/Kim/Woo/Park/Jo/Park/Lim*, The Relationship Between Work Engagement and Organizational Commitment: Proposing Research Agendas Through a Review of Empirical Literature, Human Resource Development Review 2017/16/4, 350 (371); *Renaud/St-Onge/Morin*, Do Vacations and Parental Leave Reduce Voluntary Turnover? A Study of Organizations In the ICT Sector In Canada, International Journal of Manpower 2021/42/7, 1224 (1231).

16 RL 2003/88/EG des Europäischen Parlaments und des Rates vom 4. November 2003 über bestimmte Aspekte der Arbeitszeitgestaltung, ABl L 2003/299, 9.

EuGH in der Vergangenheit aber äußerst ausführlich auseinandergesetzt und dadurch den unionsrechtlichen Urlaubsanspruch sowohl in seinen Grundzügen als auch in bestimmten Bereichen (Zusammenfallen von Urlaub und Krankenstand, Änderung des Beschäftigungsausmaßes, Verfall bzw Verjährung des Urlaubsanspruchs und finanzielle Vergütung) konkretisiert. Diese Konkretisierungen sowie das Urlaubsrecht der Union im Allgemeinen sind in Österreich aufgrund der Mitgliedschaft in der EU zu berücksichtigen – seit dem Betritt Österreichs zur Union unterliegt daher auch das österreichische Urlaubsrecht unionsrechtlichen Einflüssen. Trotz zunehmender unionsrechtlicher Einflüsse wurde das UrlG in den letzten Jahren kaum novelliert. Im Schrifttum wird daher verständlicherweise die Frage aufgeworfen, ob das UrlG überhaupt noch den unionsrechtlichen Vorgaben entspricht. Ziel des vorliegenden Buches ist es, diese Frage zu beantworten, indem die aus der EuGH-Judikatur abgeleiteten Bereiche zum unionsrechtlichen Jahresurlaubsanspruch und ihre korrespondierenden Bestimmungen im UrlG kritisch analysiert und auf mögliche Widersprüche untersucht werden.

Dazu widmet sich das Buch im ersten Teil zunächst den Grundlagen zum Jahresurlaub im Unionsrecht und im nationalen Recht. Anhand der unionsrechtlichen Bestimmungen zum Urlaubsanspruch und der wesentlichen EuGH-Judikatur zu diesen Bestimmungen wird im ersten Kapitel dargestellt, was den unionsrechtlichen Anspruch auf bezahlten Jahresurlaub ausmacht und über welche Eigenschaften er verfügt. Im Anschluss daran wird im zweiten Kapitel das österreichische UrlG in seinen Grundzügen vorgestellt und beschrieben.

Im zweiten Teil werden in der Folge die verschiedenen Spannungsfelder kapitelweise in jeweils drei Schritten abgehandelt: Zuerst wird die Unionsrechtslage zum jeweiligen Spannungsfeld anhand einer ausgewählten Entscheidung des EuGH aufgearbeitet und kritisch hinterfragt. In einem zweiten Schritt widmen sich die Kapitel sodann der korrespondierenden österreichischen Rechtslage, bevor in einem letzten Schritt eine Gegenüberstellung der beiden Rechtslagen folgt, aus welcher hervorgeht, ob und – gegebenenfalls – inwieweit das UrlG (nicht) unionsrechtskonform ist.

Zum Abschluss werden schließlich im dritten und letzten Teil die wichtigsten Ergebnisse der Untersuchung zusammengefasst und einer Schlussbetrachtung unterzogen. Darüber hinaus werden im dritten Teil Handlungsempfehlungen für die Praxis formuliert.

Erster Teil: Jahresurlaub in der Union und in Österreich

1. Grundlagen zum Jahresurlaub im Unionsrecht

1.1. Primär- und Sekundärrecht zum Urlaubsanspruch

Der unionsrechtliche Anspruch auf bezahlten Jahresurlaub ist im Unionsrecht in Art 31 Abs 2 GRC und in Art 7 AZ-RL geregelt.[17] Die GRC normiert in Art 31 Abs 2 GRC einen Rechtsanspruch der AN auf bezahlten Urlaub:

> *„Jede Arbeitnehmerin und jeder Arbeitnehmer hat das Recht auf eine Begrenzung der Höchstarbeitszeit, auf tägliche und wöchentliche Ruhezeiten sowie auf bezahlten Jahresurlaub."*

Dieser Rechtsanspruch ist seit dem Inkrafttreten des Vertrages von Lissabon im Jahr 2009 gem Art 6 Abs 1 EUV Teil des Primärrechts der Union.[18] Nach der hM ist Art 31 Abs 2 GRC konzeptionell als ein einklagbares subjektives Recht – als ein Grundrecht – zu qualifizieren, es handelt sich daher nicht bloß um einen Grundsatz iS von Art 52 Abs 5 GRC.[19] Trotz der rechtlichen Einordnung als primärrechtliches Grundrecht unterliegt Art 31 Abs 2 GRC (bzw die GRC insgesamt) auch der Einschränkung in Art 6 Abs 1 UAbs 3 EUV. Für den Anwendungsbereich der GRC bedeutet dies, dass diese für die Organe und Einrichtungen der Union unter Einhaltung des Subsidiaritätsprinzips und für die MS ausschließlich bei der Durchführung des Unionsrechts gilt (Art 51 Abs 1 GRC). Art 31 Abs 2 GRC orientiert sich entsprechend der rechtlich unverbindlichen Erläuterungen zur GRC zum einen an der AZ-RL (alt)[20], zum anderen an Art 2 der Europäischen Sozialcharta 1961 sowie an Nr 8 der Gemeinschaftscharta der sozialen Grundrechte der AN,[21] was gem Art 6 Abs 1

---

[17] Vgl *Drs*, Urlaubsverjährung bei Scheinselbständigkeit – OGH im Spannungsverhältnis zur EuGH-Rechtsprechung, JAS 2020, 225 (228).

[18] Siehe zB EuGH 19.01.2010, C-555/07 (Kücükdeveci) Rz 22; EuGH 22.12.2012, C-279/09 (DEB) Rz 30.

[19] Siehe zB *Ahrends*, Das europäisierte Urlaubsrecht (2019) 28; *Kröll* in Holoubek/Lienbacher (Hg), GRC-Kommentar^2 (2019) Art 31 Rz 11.

[20] RL 93/104/EG des Rates vom 23. November 1993 über bestimmte Aspekte der Arbeitszeitgestaltung, ABl L 1993/307, 18.

[21] Erläuterungen zur Charta der Grundrechte, ABl C 2007/303/02, 17.

UAbs 3 EUV iVm Art 52 Abs 7 GRC bei der Auslegung der GRC *„gebührend zu berücksichtigen“* (Art 52 Abs 7 GRC) ist.[22] Da die AZ-RL (alt) durch die AZ-RL ersetzt worden ist und der Wortlaut von Art 7 AZ-RL dem Wortlaut von Art 7 AZ-RL (alt) entspricht,[23] ist bei der Auslegung von Art 31 Abs 2 GRC folglich vor allem Art 7 AZ-RL zu berücksichtigen. Inhaltlich ist daher von einem einheitlichen Verständnis des Urlaubsbegriffes von Art 31 Abs 2 GRC und Art 7 AZ-RL auszugehen.[24] Die AZ-RL stützt sich insbesondere auf Art 153 Abs 2 AEUV (früher: Art 137 Abs 2 EGV) als Ermächtigungsgrundlage. Die AZ-RL dient damit primär der Verbesserung des Schutzes der Sicherheit und der Gesundheit der AN.[25] Die Regelungen zum Jahresurlaub finden sich dabei – wie bereits erwähnt – in Art 7 AZ-RL, der explizit die Modalitäten des Urlaubsanspruchs festlegt: Demnach haben AN Anspruch auf einen bezahlten Mindestjahresurlaub von vier Wochen (Abs 1: *„Die Mitgliedstaaten treffen die erforderlichen Maßnahmen, damit jeder Arbeitnehmer einen bezahlten Mindestjahresurlaub von vier Wochen nach Maßgabe der Bedingungen für die Inanspruchnahme und die Gewährung erhält, die in den einzelstaatlichen Rechtsvorschriften und/oder nach den einzelstaatlichen Gepflogenheiten vorgesehen sind.“*), der – mit Ausnahme der Beendigung des Arbeitsverhältnisses – nicht durch eine finanzielle Vergütung ersetzt werden darf (Abs 2: *„Der bezahlte Mindestjahresurlaub darf außer bei Beendigung des Arbeitsverhältnisses nicht durch eine finanzielle Vergütung ersetzt werden.“*). Im Gegensatz zu anderen Regelungen der AZ-RL kann von Art 7 AZ-RL weder für bestimmte AN oder Branchen (Art 17 AZ-RL) noch im Wege von Tarifverträgen (Art 18 AZ-RL) abgewichen werden. Längere Referenzzeiträume nach Art 16 AZ-RL können ebenso nicht vorgesehen werden.[26]

1.2. Unionsrechtsprechung zum Urlaubsanspruch

Wenngleich das unionsrechtliche Urlaubsrecht im Wesentlichen nur aus zwei Bestimmungen besteht, gibt es inzwischen eine Vielzahl an Entscheidungen des EuGH zu deren Auslegung. Nicht ohne Grund behauptet *Sagan*, dass das *„Urlaubsrecht* [...] *das Lieblingskind*

---

22 EuGH 06.11.2018, C-569/16 und C-570/16 (Bauer und Willmeroth) Rz 55; *Kröll* in GRC-Kommentar^2 Art 31 Rz 4.

23 EuGH 19.09.2013, C-579/12 RX-II (Überprüfung Kommission/Strack) Rz 28; *Kröll* in GRC-Kommentar^2 Art 31 Rz 8.

24 *Erler*, Der Urlaubsbegriff im Unionsrecht und dessen Auswirkungen auf das österreichische und deutsche Urlaubsrecht (2018) 15 [Dissertation Universität Linz].

25 Erwägungsgrund 2 AZ-RL.

26 EuGH 26.06.2001, C-173/99 (BECTU) Rz 40 ff. Vgl auch *Riesenhuber*, Europäisches Arbeitsrecht^2 (2021) § 17 Rz 75.

des EuGH [ist].“[27] Da eine Behandlung aller zum Urlaubsrecht ergangenen EuGH-Judikate den Rahmen dieser Untersuchung sprengen würde, wird der Fokus an dieser Stelle vorerst auf drei wesentliche Urteile zu den Grundzügen des unionsrechtlichen Urlaubsanspruchs gelegt.[28]

1.2.1. Zur Entstehung des Urlaubsanspruchs – BECTU

Dem Urteil in der Rs C-173/99 lag ein vom High Court of Justice (England & Wales) beantragtes Vorabentscheidungsverfahren zugrunde, welcher sich mit einem Rechtsstreit zwischen der Gewerkschaft BECTU und dem Secretary of State for Trade and Industry auseinanderzusetzen hatte. Auslöser des Rechtsstreits war eine nationale Regelung, deren Unionsrechtskonformität seitens der BECTU beanstandet wurde, was Fragen bzgl der Auslegung von Art 7 AZ-RL (alt) aufgeworfen hatte.[29]

Zugrundeliegender Sachverhalt:[30]

Die Mitglieder der Gewerkschaft BECTU waren überwiegend aufgrund kurzfristiger Verträge beschäftigt, sodass sie häufig weniger als dreizehn Wochen bei demselben bzw derselben AG gearbeitet haben. Die nationale Bestimmung der Working Time Regulations 1998, nach welcher zufolge der Anspruch auf bezahlten Jahresurlaub erst entsteht, wenn AN dreizehn Wochen ununterbrochen bei dem bzw der AG beschäftigt waren, haben viele Mitglieder daher häufig nicht erfüllt. Diesen wurde das Recht auf Urlaub und die entsprechende Vergütung damit gewissermaßen vorenthalten, weswegen die BECTU die Zulassung der Anfechtung dieser Bestimmung beim High Court of Justice beantragte, welcher die Erhebung der Klage auch zuließ. Im Verfahren machte die BECTU primär geltend, dass diese nationale Bestimmung eine rechtswidrige Beschränkung der AZ-RL (alt) darstelle, weil durch diese der Anspruch auf bezahlten Jahresurlaub bestimmten AN-Gruppen vorenthalten wird, obwohl die RL den Anspruch allen AN einräumt. Diesbezüglich vertrat die BECTU die Auffassung, dass Art 7 AZ-RL (alt) den MS zwar erlaubt, Modalitäten zu regeln, diese aber nicht dazu führen dürften, dass der von der RL gewährte Schutz bestimmten AN vorenthalten wird. Daraufhin setzte der High Court of Justice das Verfahren

---

27 *Sagan*, Die Urlaubsabgeltung als Grundrecht, ZAS 2019/38, 211 (211).

28 Anm: Die ersten beiden zu besprechenden Urteile sind noch zu Art 7 AZ-RL (alt) ergangen, welcher aber – wie schon gesagt wurde – dem Wortlaut von Art 7 AZ-RL entspricht, sodass die beiden Urteile auch für die Auslegung von Art 7 AZ-RL relevant sind.

29 EuGH 26.06.2001, C-173/99 (BECTU) Rz 1 f.

30 EuGH 26.06.2001, C-173/99 (BECTU) Rz 26–32.

aus und legte dem EuGH zwei Fragen zur Vorabentscheidung vor. Wissen wollte der High Court of Justice zum einen, ob Art 7 AZ-RL (alt) es den MS erlaubt, nationale Regelungen zu erlassen, die eine Mindestbeschäftigungszeit für die Entstehung des Jahresurlaubsanspruchs vorsehen, wenn die Mindestzeit dann bei der Berechnung berücksichtigt wird, und bejahendenfalls zum anderen, welche Faktoren für die Rechts- und Verhältnismäßigkeit einer solchen Mindestbeschäftigungszeit berücksichtigt werden müssten.

Erwägungen des EuGH:

Der EuGH begann seine Ausführungen damit, festzustellen, dass Art 7 AZ-RL (alt) den MS zwar eine klare und bestimmte Verpflichtung auferlegt, er diesen aber gleichzeitig auch explizit einen Gestaltungsspielraum einräumt. Um die Bedeutung von Art 7 AZ-RL (alt) zu ermitteln, betrachtete der EuGH daher den Telos und die Systematik von Art 7 AZ-RL (alt). Diesbezüglich hielt er fest, dass die AZ-RL (alt) zum Ziel hat, den Schutz der Sicherheit und der Gesundheit der AN durch Mindestvorschriften zur Harmonisierung der Arbeitszeitgestaltung zu verbessern. Systematisch ergibt sich zudem, dass die AZ-RL (alt) Abweichungen von Art 7 AZ-RL (alt) – im Gegensatz zu anderen Bestimmungen – nicht ausdrücklich vorsieht. Sie räumt den MS lediglich die Möglichkeit einer Übergangszeit ein.[31] Der EuGH kam daher zu dem ersten Zwischenergebnis, dass *„der Anspruch jedes Arbeitnehmers auf bezahlten Jahresurlaub als ein besonders wichtiger Grundsatz des Sozialrechts der Gemeinschaft anzusehen* [ist], *von dem nicht abgewichen werden darf und den die zuständigen nationalen Stellen nur in den in der Richtlinie 93/104 ausdrücklich genannten Grenzen umsetzen dürfen.“*[32] Er stellte weiter fest, dass aus Art 7 AZ-RL (alt) erwächst, dass AN primär eine tatsächliche Ruhezeit zukommen muss, welche nur sekundär durch eine finanzielle Vergütung ersetzt werden darf. Aufgrund des weiten sachlichen und persönlichen Anwendungsbereichs der AZ-RL (alt) bezieht sich Art 7 AZ-RL (alt) zudem auch explizit auf alle AN.[33] Der EuGH kam daher zu dem zweiten Zwischenergebnis, dass der bezahlte Mindestjahresurlaub *„ein soziales Recht dar*[stellt], *das jedem Arbeitnehmer unmittelbar durch die Richtlinie als ein für den Schutz seiner Sicherheit und seiner Gesundheit erforderlicher Mindestanspruch eingeräumt worden ist.“*[34] Nationale Regelungen, die Voraussetzungen für die Entstehung dieses sich unmittelbar aus der AZ-RL (alt) ergebenden Anspruchs auf bezahlten Jahresurlaub aufstellen, stehen im Er-

---

31 EuGH 26.06.2001, C-173/99 (BECTU) Rz 34–42.
32 EuGH 26.06.2001, C-173/99 (BECTU) Rz 43.
33 EuGH 26.06.2001, C-173/99 (BECTU) Rz 44 ff.
34 EuGH 26.06.2001, C-173/99 (BECTU) Rz 47.

gebnis im Widerspruch zum Ziel der AZ-RL (alt).[35] Ergänzend führte der EuGH dann noch aus, dass auch der explizite Gestaltungsspielraum der MS an dieser Beurteilung nichts ändert, da sich dieser nur auf die Art und Weise der Durchführung des bezahlten Jahresurlaubs, nicht aber auf das Ob des Entstehens des Anspruchs erstreckt.[36] Gegen diese Auslegung von Art 7 AZ-RL (alt) wandte die Regierung des Vereinigten Königreichs ein, (1) dass sich die Umsetzung in den MS erheblich unterscheide und auch andere MS den Anspruch auf bezahlten Jahresurlaub nicht vom ersten Beschäftigungstag an vorsehen würden, (2) dass die nationale Regelung einen gerechten Ausgleich zwischen AN- und AG-Interessen schaffe, da die Kosten für die Urlaubsabwicklung Klein- und Mittelbetriebe stark belasten würden sowie (3) dass eine Gewährung des Urlaubsanspruchs in den ersten Wochen nicht notwendig sei, weil die anderen Regelungen der AZ-RL (alt) dafür sorgen würden, dass AN zu Beginn des Arbeitsverhältnisses genug Erholung bekommen.[37] Auf diese Einwände erwiderte der EuGH, (1) dass die De-facto-Lage in den MS an der Auslegung von Art 7 AZ-RL (alt) nichts ändert und gegebenenfalls auch andere nationale Regelungen im Widerspruch zur AZ-RL (alt) stehen, (2) dass die Auswirkungen auf Klein- und Mittelbetriebe Berücksichtigung in der Übergangszeit gefunden haben, während weitere wirtschaftliche Überlegungen entsprechend dem fünften Erwägungsgrund gegenüber der Verbesserung von Sicherheit und Gesundheitsschutz der AN nachrangig sind sowie (3) dass die dritte Behauptung für AN mit kurzfristigen Arbeitsverträgen in keiner Weise bewiesen ist, sodass – im Gegenteil – aufgrund der oft weniger gesicherten Lage dieser AN davon auszugehen ist, dass dem Schutz ihrer Sicherheit und Gesundheit umso mehr Sorge zu tragen ist.[38] Der EuGH schlussfolgerte daher, dass das Erlassen einer Regelung, die eine Mindestbeschäftigungszeit für die Entstehung des Urlaubsanspruchs vorsieht, den MS nicht erlaubt ist, auch wenn die Mindestzeit dann bei der Berechnung berücksichtigt würde. Im Lichte dieser Antwort widmete sich der EuGH der zweiten Vorlagefrage nicht mehr.[39]

Kritische Würdigung:

Die Entscheidung in der Rs *BECTU* war die erste Entscheidung des EuGH zur Auslegung von Art 7 AZ-RL (alt). Es ist daher nicht verwunderlich, dass auf dieses Urteil sowohl in der weiteren EuGH-Rsp als auch im Schrifttum wegen seiner Bedeutung für den Wesens-

35 EuGH 26.06.2001, C-173/99 (BECTU) Rz 48, 52.
36 EuGH 26.06.2001, C-173/99 (BECTU) Rz 53.
37 EuGH 26.06.2001, C-173/99 (BECTU) Rz 54, 57, 62.
38 EuGH 26.06.2001, C-173/99 (BECTU) Rz 56, 59 f, 63.
39 EuGH 26.06.2001, C-173/99 (BECTU) Rz 64 f.

gehalt des unionsrechtlichen Jahresurlaubsanspruchs dementsprechend oft verwiesen wurde und wird. Aufgrund der konkreten Vorlagefragen war das Urteil jedoch primär für das Vereinigte Königreich von Relevanz, während sich eine weitergehende Bedeutung für Österreich in Grenzen gehalten hat: Zwar war in der Stammfassung des UrlG noch vorgesehen, dass der Urlaubsanspruch erst nach Zurücklegung einer sechsmonatigen Wartezeit entsteht (§ 2 Abs 2 UrlG), diese Rechtslage wurde aber bereits durch die Beschäftigungssicherungsnovelle 1993 (BGBl 502/1993) geändert, sodass das gegenständliche Judikat keine unmittelbaren Auswirkungen auf Österreich hatte. Dies erklärt wohl auch, warum diese Entscheidung – soweit ersichtlich – im deutschsprachigen Raum nicht näher diskutiert wurde. Auch ein Blick auf den englischsprachigen Raum hinterlässt den Eindruck, dass dieses Urteil kaum kritisiert wurde. Ausführungen dazu scheinen sich vielmehr auf eine Diskussion der Auswirkungen des Urteils auf das Vereinigte Königreich zu beschränken.[40] Von Interesse ist aber, dass *Ricci* bereits im Lichte dieser EuGH-Entscheidung die Möglichkeit einer unmittelbaren Anwendbarkeit von Art 7 Abs 1 AZ-RL (alt) im Vertikalverhältnis adressiert hat.[41] Der EuGH selbst bestätigte dies nämlich erst in der Rs *Dominguez*, in welcher er auch seinen Standpunkt im Hinblick auf Mindestbeschäftigungszeiten wiederholte und eine Mindestarbeitszeit von zehn Tagen als unzulässig erklärte.[42] Im Bereich Entstehungsvoraussetzungen hat der EuGH seine Rsp über die Jahre dahingehend konkretisiert, dass für das Entstehen des Urlaubsanspruches grds die tatsächliche Arbeitsleistung erforderlich ist.[43] Für Zeiten der Elternkarenz[44] oder einer „Kurzarbeit-Null"[45] entsteht dementsprechend aus Art 7 Abs 1 AZ-RL kein Urlaubsanspruch. Ausgenommen von dieser Regel sind nach seiner Judikatur jedoch die Nicht-Arbeitsleistung während einer ordnungsgemäßen Krankschreibung[46] sowie bei unrechtmäßiger Entlassung[47].

---

40 Siehe zB *Cole/Crisp*, Tolley's Employment Law Newsletter 2001/7/2, 11; *Ricci*, Industrial Law Journal 2001, 401 (406); *Rook*, New Law Journal 2001, 1216.

41 *Ricci*, Industrial Law Journal 2001, 401 (406).

42 EuGH 24.01.2012, C-282/10 (Dominguez) Rz 21, 36.

43 Siehe zB EuGH 04.10.2018, C-12/17 (Dicu) Rz 28; EuGH 25.06.2020, C-762/18 und C-37/19 (Varhoven kasatsionen sad na Republika Bulgaria) Rz 58; EuGH 25.11.2021, C-233/20 (job-medium) Rz 28.

44 EuGH 04.10.2018, C-12/17 (Dicu) Rz 38.

45 EuGH 13.12.2018, C-385/17 (Hein) Rz 29.

46 EuGH 20.01.2009, C-350/06 und C-520/06 (Schultz-Hoff ua) Rz 41.

47 EuGH 25.06.2020, C-762/18 und C-37/19 (Varhoven kasatsionen sad na Republika Bulgaria) Rz 81; EuGH 12.10.2023, C-57/22 (Ředitelství silnic a dálnic) Rz 45.

1.2.2. Zum Urlaubsentgelt – Robinson-Steele ua

Der Entscheidung in den verbundenen Rs C-131/04 und C-257/04 lagen ein Vorabentscheidungsersuchen (C-131/04) des Employment Tribunal Leeds (Vereinigtes Königreich) sowie ein Vorabentscheidungsersuchen (C-257/04) des Court of Appeal (England & Wales) zugrunde, welche jeweils mit Rechtsstreiten zwischen AN und AG konfrontiert wurden. Thematisch stand die Bezahlung des Urlaubsentgelts im Rahmen einer „rolled-up holiday pay"[48] genannten Regelung und damit die Auslegung von Art 7 AZ-RL (alt) im Vordergrund.[49]

Zugrundeliegender Sachverhalt:[50]

Der Entscheidung in den verbundenen Rs *Robinson-Steele ua* lagen zwei bzw drei verschiedene, aber ähnliche Sachverhalte zugrunde, die zusammen ähnliche Fragen zu Art 7 AZ-RL (alt) aufgeworfen haben. Nachstehend wird der Fokus jedoch auf jene Fragen gelegt, deren Antwort die Grundzüge des unionsrechtlichen Urlaubsanspruchs bedeutend geprägt hat. Im Hinblick auf die zugrundeliegenden Sachverhalte kann dabei zusammenfassend festgehalten werden, dass die Entscheidung insgesamt fünf AN umfasst hat, die für drei verschiedene Unternehmen bzw AG tätig waren. Die Arbeitsverträge aller fünf AN sahen hinsichtlich der Lohnzahlung vor, dass das Urlaubsentgelt bereits als anteilige Vorauszahlung im Stunden- bzw Tageslohn enthalten war. Als weitere Gemeinsamkeit klagten alle AN ihren jeweiligen bzw ihre jeweilige AG auf Zahlung des ihnen zustehenden Urlaubsentgelts und machten geltend, dass diese „rolled-up holiday pay"-Vertragsklauseln dazu führen würden, dass kein Urlaub genommen wird bzw eine Inanspruchnahme des Jahresurlaubs nicht möglich ist, sodass ein Verstoß gegen die AZ-RL (alt) vorliege. Während sich das Employment Tribunal Leeds zur Rechtmäßigkeit dieser Vertragsklauseln nicht äußerte, vertrat der Court of Appeal durchaus die Auffassung, dass diese Vertragsklauseln rechtmäßig seien und nicht gegen die AZ-RL (alt) verstoßen würden. Dennoch haben beide Gerichte beschlossen, das jeweilige Verfahren auszusetzen und die Rs an den EuGH heranzutragen. Wissen wollten die Gerichte unter anderem, ob es mit Art 7 AZ-RL (alt) vereinbar ist, einen Teil des gezahlten Arbeitsentgelts als Zahlung des Urlaubsentgelts auszuweisen, wenn sich die Zahlung des Arbeitsentgelts der Höhe nach nicht von der Zahlung des Arbeits- und Urlaubsentgelts unterscheidet und allgemeiner, ob es

---

48 Anm: Bei „rolled-up holiday pay"-Regelungen wird das Urlaubsentgelt bereits in den Stunden- oder Tageslohn einbezogen.

49 EuGH 16.03.2006, C-131/04 und C-257/04 (Robinson-Steele ua) Rz 1 f.

50 EuGH 16.03.2006, C-131/04 und C-257/04 (Robinson-Steele ua) Rz 13–45.

Art 7 AZ-RL (alt) zulässt, dass das Urlaubsentgelt in über das Jahr verteilten Teilbeträgen gezahlt wird, die zusammen mit dem Arbeitsentgelt und damit nicht in einem bestimmten Zeitabschnitt, in dem AN tatsächlich Urlaub nehmen, ausgezahlt werden.

Erwägungen des EuGH:

Im Hinblick auf die erste, oben erwähnte Frage verwies der EuGH zu Beginn auf das zuvor besprochene Urteil in der Rs *BECTU*, in welchem erstmalig festgehalten wurde, dass der Anspruch auf bezahlten Jahresurlaub ein besonders bedeutsamer Grundsatz des Sozialrechts der Gemeinschaft ist, von dem nicht abgewichen werden darf und der nur in den von der AZ-RL (alt) gezogenen Grenzen umgesetzt werden darf. Im Anschluss hielt er fest, dass das Urlaubsentgelt dazu dient, dass Urlaub tatsächlich genommen wird, wobei der Terminus „bezahlter Jahresurlaub" erfordert, dass AN das gewöhnliche Arbeitsentgelt auch für die Urlaubszeit weitergewährt wird. Eine Regelung, die dazu führt, dass sich die Zahlung des reinen Arbeitsentgelts der Höhe nach nicht von der Zahlung des Arbeits- und Urlaubsentgelts unterscheidet, steht dementsprechend im Widerspruch zur AZ-RL (alt), als der Jahresurlaubsanspruch sonst über eine Kürzung des Arbeitsentgelts ausgehöhlt werden könnte. Im Ergebnis entschied der EuGH, dass eine solche Regelung nicht mit Art 7 AZ-RL (alt) vereinbar ist, und hielt zudem explizit fest, dass das Recht auf bezahlten Jahresurlaub vertraglich nicht abbedungen werden kann.[51] Im Angesicht der zweiten, oben erwähnten Frage wies der EuGH eingangs darauf hin, dass die AZ-RL (alt) nicht ausdrücklich vorschreibt, zu welchem Zeitpunkt das Urlaubsentgelt zu zahlen ist und dass die Festlegung dieses Zeitpunkts in den Gestaltungsspielraum der MS fällt. Dabei müssen die MS jedoch den sich aus der AZ-RL selbst ergebenden Grenzen Rechnung tragen. Bzgl dieser Grenzen hielt der EuGH sodann fest, dass sich aus AZ-RL (alt) ergibt, dass der Anspruch auf bezahlten Jahresurlaub als ein Anspruch mit zwei Teilansprüchen (Anspruch auf Jahresurlaub sowie Anspruch auf Urlaubsentgelt) anzusehen ist. Anhand des Urlaubsentgelts soll dabei sichergestellt werden, dass die Lage der AN während der Urlaubszeit in Bezug auf das Entgelt mit ihrer Lage während der Arbeitszeit vergleichbar ist. Darin erblickte der EuGH die erste Grenze, die die MS zu berücksichtigen haben.[52] Die zweite Grenze sichtete er im Abgeltungsverbot des Art 7 Abs 2 AZ-RL (alt), welches für einen wirksamen Schutz der Sicherheit und Gesundheit der AN den Vorrang des Urlaubsanspruchs in natura gegenüber einer finanziellen Abgeltung sicherstellt. Diesbezüglich hielt er fest, dass es zu einer Verletzung des Abgeltungsverbots kommen könnte, wenn das Urlaubsentgelt nicht

---

[51] EuGH 16.03.2006, C-131/04 und C-257/04 (Robinson-Steele ua) Rz 48–52.

[52] EuGH 16.03.2006, C-131/04 und C-257/04 (Robinson-Steele ua) Rz 54–59.

in dem Zeitabschnitt ausgezahlt wird, in dem AN tatsächlich Urlaub nehmen.[53] Da Abweichungen von Art 7 AZ-RL (alt) nicht vorgesehen sind, spielt auch die vertragliche Vereinbarung einer „rolled-up holiday pay"-Vertragsklausel keine Rolle, sodass Art 7 AZ-RL (alt) im Ergebnis eine solche Regelung nicht zulässt.[54]

Kritische Würdigung:

Wie bereits das Urteil in der Rs *BECTU* war auch das Urteil in den Rs *Robinson-Steele ua* aufgrund der konkreten Vorlagefragen vorrangig für das Vereinigte Königreich von Relevanz, während es im deutschsprachigen Raum auf nur wenig Resonanz stieß. Für Österreich kann dies wiederum darauf zurückgeführt werden, dass der Zahlungszeitpunkt für das Urlaubsentgelt bereits in der Stammfassung des UrlG auf eine Weise geregelt war (§ 6 Abs 6: *„Das Urlaubsentgelt ist bei Antritt des Urlaubs für die ganze Urlaubsdauer im voraus zu zahlen."*), mit der „rolled-up holiday pay"-Regelungen nicht vereinbar wären.[55] Für Deutschland identifizierte *Quirling* einen Zusammenhang zwischen diesem Urteil und dem Berufsfußball, wo sich ähnliche Regelungen häufig in Arbeitsverträgen finden.[56] Er ging aber im Ergebnis nicht davon aus, *„dass eine Vorauszahlung von Urlaubsentgelt per se gegen Gemeinschaftsrecht verstößt"*[57]. Dieser Ansicht kann jedoch keinesfalls gefolgt werden: Es ist zwar richtig, dass der EuGH seinen Standpunkt im Rahmen der dritten Vorlagefrage[58] noch beschränkt hat, indem er eine Anrechnung von Teilbeträgen auf das Urlaubsentgelt erlaubt hat. Sowohl aus der Antwort der GA *Stix-Hackl* (zB *„einer Anrechnung der bereits gezahlten Beträge"*)[59] als auch des EuGH (zB *„Zahlungen, die im Rahmen einer solchen gegen die Richtlinie verstoßenden Regelung bereits [...] vorgenommen wurden"* oder *„Beträge, die [...] gezahlt wurden"*)[60] ergibt sich aber, dass diese die dritte Vorlagefrage dahingehend verstanden haben, ob eine Anrechnung bereits in der Vergangenheit gezahlter Beiträge auf das zustehende Urlaubsentgelt möglich sein kann. Dies haben EuGH und GA unter der Voraussetzung, dass es sich um in transparenter und nach-

53 EuGH 16.03.2006, C-131/04 und C-257/04 (Robinson-Steele ua) Rz 60 f.

54 EuGH 16.03.2006, C-131/04 und C-257/04 (Robinson-Steele ua) Rz 62 f.

55 Vgl *Cerny*, Urlaubsrecht[10] § 6 Erl 12.

56 *Quirling*, EuGH, 16.03.2006 – C-131/04: Integrierte Urlaubsentgeltzahlungen im Arbeitslohn, SpuRt 2007, 157 (158).

57 *Quirling*, SpuRt 2007, 157 (159).

58 Anm: Auf diesen Aspekt wurde in den Ausführungen oben nicht näher eingegangen, weil dieser Teil des Urteils (Rz 64–69) für den Wesensgehalt des unionsrechtlichen Urlaubsanspruchs nicht weiter relevant ist.

59 GA 27.10.2005, C-131/04 und C-257/04 (Robinson-Steele ua) Rz 111.

60 EuGH 16.03.2006, C-131/04 und C-257/04 (Robinson-Steele ua) Rz 65 f.

vollziehbarer Weise ausgezahlte Urlaubsentgelt-Teilbeträge handelt, bejaht.[61] Dass auch eine Anrechnung zukünftig bezahlter Teilbeträge erlaubt ist, ergibt sich hingegen weder aus dem Wortlaut der Schlussanträge noch des Urteils und würde auch einen offensichtlichen Widerspruch zu den Antworten auf die ersten beiden Vorlagefragen erzeugen, nach welchen die Auszahlung des Urlaubsentgelts in Teilbeträgen als unzulässig qualifiziert wurde. Auf diese Weise wurde die Entscheidung zudem im Vereinigten Königreich verstanden.[62]

Eine weitergehende Bedeutung dieses Urteils ist schließlich auf die Aussagen des EuGH zu den Grundzügen des unionsrechtlichen Jahresurlaubsanspruchs zurückzuführen, die vor allem für die weiterführende EuGH-Rsp im Urlaubsrecht eine große Rolle gespielt haben. In den Rs *Robinson-Steele ua* hat der EuGH nämlich erstmalig festgestellt, dass es sich beim Anspruch auf bezahlten Jahresurlaub um einen zweiteiligen Anspruch handelt – eine Feststellung, auf die der EuGH heute noch regelmäßig in seiner Rsp verweist.[63] Zum anderen ist seit dieser Rs klar, dass die AN als Urlaubsentgelt ihr gewöhnliches Arbeitsentgelt zu erhalten haben.[64] Bestätigt hat der EuGH dies in den Rs *Schultz-Hoff ua*, in welcher er zudem ausgesprochen hat, dass das gewöhnliche Arbeitsentgelt auch für die finanzielle Vergütung bei Beendigung des Arbeitsverhältnisses maßgeblich ist.[65] Was unter dem gewöhnlichen Arbeitsentgelt zu verstehen ist, hat der EuGH in der Folge ebenso konkretisiert. Umfasst sind demnach sowohl *„alle Bestandteile, die untrennbar mit der Erfüllung der ihm* [= dem AN] *nach seinem Arbeitsvertrag obliegenden Aufgaben verbunden sind und durch einen in die Berechnung seines Gesamtentgelts eingehenden Geldbetrag abgegolten werden"* als auch *„alle Bestandteile, die an seine persönliche und berufliche Stellung anknüpfen"*.[66] Die Abgeltung für gewöhnlich geleistete Überstunden[67] sowie Provisionen[68] sind daher Teil des gewöhnlichen Arbeitsentgelts und müssen beim Urlaubsentgelt *„auf der Basis eines Durchschnittswerts über einen hinreichend repräsentativen Referenzzeitraum"*[69] berücksichtigt werden, wobei es Sache der MS ist, diesen Zeitraum festzulegen.[70] Nicht beachtet werden darf bei der Bemessung des Urlaubsentgelts

61 EuGH 16.03.2006, C-131/04 und C-257/04 (Robinson-Steele ua) Rz 69; GA 27.10.2005, C-131/04 und C-257/04 (Robinson-Steele ua) Rz 111.

62 Siehe zB *Barnard*, EC Employment Law[3] (2006) 585; *Nicolle/Briggs*, Employment Case Law Update, New Law Journal 2006, 588; *The National Archives*, Your Guide to the Working Time Regulations – Section 7.

63 Siehe zB EuGH 25.11.2021, C-233/20 (job-medium) Rz 29.

64 EuGH 16.03.2006, C-131/04 und C-257/04 (Robinson-Steele ua) Rz 50.

65 EuGH 20.01.2009, C-350/06 und C-520/06 (Schultz-Hoff ua) Rz 58–62.

66 EuGH 15.09.2011, C-155/10 (Williams ua) Rz 31.

67 EuGH 13.12.2018, C-385/17 (Hein) Rz 46 f.

68 EuGH 22.05.2014, C-539/12 (Lock) Rz 32 f.

69 EuGH 15.09.2011, C-155/10 (Williams ua) Rz 26.

70 EuGH 22.05.2014, C-539/12 (Lock) Rz 34.

hingegen ein im Zeitraum vor Inanspruchnahme des Urlaubs aufgrund von Arbeitsunfähigkeit gekürztes Entgelt.[71]

1.2.3. Zur Wirkung des Urlaubsanspruchs – Bauer und Willmeroth

Das EuGH-Urteil in den verbundenen Rs *Bauer und Willmeroth* ist auf ein Vorabentscheidungsersuchen des deutschen BAG zurückzuführen. Dieses wurde sowohl mit einem Rechtsstreit (C-569/16) zwischen einer staatlichen AG (Stadt Wuppertal) und der Witwe eines verstorbenen AN (Frau Bauer) als auch mit einem Rechtsstreit (C-570/16) zwischen einem privaten AG (Herr Willmeroth) und der Witwe eines anderen verstorbenen AN (Frau Broßonn) befasst. Im Zentrum dieser stand die Weigerung der Zahlung der finanziellen Vergütung für von dem jeweils verstorbenen AN nicht genommenen bezahlten Jahresurlaub und damit die Auslegung von Art 7 AZ-RL und Art 31 Abs 2 GRC.[72]

Zugrundeliegender Sachverhalt:[73]

Frau Bauer und Frau Broßonn waren jeweils die alleinigen Rechtsnachfolgerinnen ihrer verstorbenen Ehemänner, welche beide zu deren Todeszeitpunkt noch über einen offenen Urlaubsanspruch verfügt haben. Die beiden Rechtsnachfolgerinnen stellten jeweils einen Antrag an die Stadt Wuppertal bzw an Herrn Willmeroth auf Zahlung einer finanziellen Vergütung zur Abgeltung von den nicht in Anspruch genommenen Urlaubstagen, welcher in beiden Fällen abgelehnt wurde. Daraufhin klagten Frau Bauer und Frau Broßonn beide vor dem jeweils zuständigen Arbeitsgericht in Deutschland, wobei ihren Klagen stattgegeben wurde. Dagegen legten sowohl die Stadt Wuppertal als auch Herr Willmeroth Berufung ein, welche aber in beiden Fällen vom zuständigen Landesarbeitsgericht in Deutschland zurückgewiesen wurden. Gegen die Zurückweisung gingen die beiden AG wiederum gerichtlich vor und legten beim deutschen BAG Revision ein. Dieses beschloss in der Folge, das Verfahren auszusetzen und die Rs an den EuGH im Rahmen eines Vorabentscheidungsverfahrens heranzutragen. Dabei war sich das deutsche BAG zwar bewusst, dass der EuGH bereits in der Rs *Bollacke*[74] entschieden hatte, dass Regelungen, wonach der Anspruch auf bezahlten Jahresurlaub bei Beendigung des Arbeitsverhältnisses durch AN-Tod ohne Möglichkeit einer Abgeltung untergeht, nicht mit Art 7 AZ-RL vereinbar sind.

---

71 EuGH 09.12.2021, C-217/20 (Staatssecretaris van Financiën) Rz 41.
72 EuGH 06.11.2018, C-569/16 und C-570/16 (Bauer und Willmeroth) Rz 1 f.
73 EuGH 06.11.2018, C-569/16 und C-570/16 (Bauer und Willmeroth) Rz 10–19.
74 EuGH 12.06.2014, C-118/13 (Bollacke).

Das deutsche BAG war sich jedoch unsicher, ob dies auch gilt, wenn eine solche Abgeltung nach deutschem Recht (§ 7 Abs 4 BUrlG iVm § 1922 Abs 1 BGB) nicht Teil der Erbmasse wird, wobei eine andere Auslegung des deutschen Rechts contra legem wäre und daher nicht in Frage kommt. Zusätzlich bezog sich das BAG auf das EuGH-Urteil in der Rs *KHS*[75], in welchem festgehalten wurde, dass ein Erlöschen des Anspruchs auf bezahlten Jahresurlaub nach Ablauf einer gewissen Zeitdauer unionsrechtskonform sein kann, da der Zweck des Urlaubsanspruchs (Erholung der AN und Zurverfügungstellung eines Zeitraums für Entspannung und Freizeit) dann nicht mehr vollständig verwirklicht wird. Da es beim AN-Tod zu einer ähnlichen Fallkonstellation komme, stellte sich das deutsche BAG daher die Frage, ob der Urlaubsanspruch nicht auch im Fall des Todes untergehen kann. Konkret wollte das deutsche BAG wissen, ob Art 7 AZ-RL oder Art 31 Abs 2 GRC den Erben und Erbinnen von AN, die während eines aufrechten Arbeitsverhältnisses verstorben sind, einen Anspruch auf einen finanziellen Ausgleich einräumt, wenngleich das deutsche Recht dem entgegensteht. Im Hinblick auf den Rechtsstreit zwischen Herrn Willmeroth und Frau Broßonn bat das deutsche BAG im Falle einer Bejahung der ersten Frage ferner um Beantwortung einer zweiten Frage, nämlich ob die Bejahung auch gilt, wenn sich im Arbeitsverhältnis zwei Privatpersonen gegenübergestanden sind.

Erwägungen des EuGH:

Hinsichtlich der ersten Vorlagefrage widmete sich der EuGH zunächst Art 7 AZ-RL und verwies dabei auf seine bestehende Rsp, in der bereits wiederholt niedergelegt wurde, dass der Anspruch auf bezahlten Jahresurlaub ein wesentlicher Grundsatz des Sozialrechts der Union ist, der sich sowohl aus einem Anspruch auf Jahresurlaub als auch einem Anspruch auf Bezahlung zusammensetzt, um sicherzustellen, dass AN ihren Urlaub tatsächlich nehmen und sich erholen können. Dabei genießt die Inanspruchnahme des Naturalurlaubs gem Art 7 Abs 2 AZ-RL Vorrang und darf nur unter den dort normierten Voraussetzungen finanziell ersetzt werden. Liegen diese Voraussetzungen aber vor, vermittelt Art 7 Abs 2 AZ-RL nach der EuGH-Judikatur einen Anspruch auf finanzielle Vergütung für nicht genommenen Urlaub, um zu verhindern, dass AN jeglicher Genuss des Urlaubsanspruchs verwehrt wird. Die Voraussetzungen für den Anspruch auf finanzielle Vergütung (Beendigung des Arbeitsverhältnisses bei offenem Urlaubsanspruch) sind dabei abschließend, weswegen der EuGH in der Rs *Maschek*[76] bereits explizit betont hat, dass der Grund für die Beendigung des Arbeitsverhältnisses keine Rolle spielt. Der Einwand, dass der Zweck des Anspruchs auf Jahresurlaub bei AN-Tod leer geht, ist zwar richtig. Da es sich

[75] EuGH 22.11.2011, C-214/10 (KHS).
[76] EuGH 20.07.2016, C-341/15 (Maschek).

beim Urlaubsanspruch aber um einen zweiteiligen Anspruch handelt, der einen Anspruch auf Bezahlung inkludiert, kann nicht davon ausgegangen werden, dass der Tod rückwirkend zu einem vollständigen Verlust des Urlaubsanspruchs – also einem Verlust beider Teilansprüche – führt. Einen solchen Verlust hat der EuGH auch in der Rs *Maschek* nicht bejaht, die in der Hinsicht ähnlich war, als der Zweck des Anspruchs auf Jahresurlaub auch bei einer Ruhestandsversetzung leer geht. Ein solcher Verlust würde darüber hinaus den Wesensgehalt des Rechts auf bezahlten Jahresurlaub antasten, insofern AN tatsächlich nicht die Möglichkeit hatten, den Jahresurlaubsanspruch wahrzunehmen. Daher kann der vermögensrechtliche Bestandteil des Urlaubsanspruchs nicht rückwirkend entzogen werden und erweist sich eine finanzielle Vergütung auch im Todesfall als unerlässlich.[77]

Dies ergibt sich nach Meinung des EuGH aber nicht nur aus Art 7 AR-RL, sondern auch aus Art 31 Abs 2 GRC, da dem Recht auf bezahlten Jahresurlaub nicht nur als Grundsatz des Sozialrechts der Union besondere Bedeutung zukommt, sondern dieses auch als Grundrecht in der GRC verbürgt ist. In concreto sah der EuGH den Anwendungsbereich der GRC eröffnet, da die in Frage stehende deutsche Regelung die AZ-RL umsetzt. Art 31 Abs 2 GRC orientiert sich dabei – wie oben schon ausgeführt wurde[78] – entsprechend den bei der Auslegung zu berücksichtigenden Erläuterungen zu Art 31 Abs 2 GRC an der AZ-RL (alt), die im Hinblick auf ihren Art 7 wortgleich durch die AZ-RL ersetzt wurde. Folglich kam der EuGH zu dem Zwischenergebnis, dass auch dem Recht auf bezahlten Jahresurlaub gem Art 31 Abs 2 GRC ein zweiteiliger Anspruch immanent ist, der nur in den Grenzen des Art 52 Abs 1 GRC und damit insbesondere nur unter Achtung des Wesensgehaltes von Art 31 Abs 2 GRC beschränkt werden darf. Der Grundsatz, dass der Jahresurlaubsanspruch nicht erlöschen kann, wenn AN nicht die Möglichkeit hatten, den Jahresurlaub tatsächlich wahrzunehmen, gilt daher gleichermaßen für Art 31 Abs 2 GRC. Dass der AN-Tod nicht rückwirkend zu einem vollständigen Verlust des Urlaubsanspruchs führen darf, folgt als Konsequenz dieses Grundsatzes daher ebenso aus Art 31 Abs 2 GRC.[79]

Im Ergebnis wich der EuGH daher nicht von seinem Standpunkt aus der Rs *Bollacke* ab und kam zu der Feststellung, dass sich sowohl aus Art 7 AZ-RL als auch aus Art 31 Abs 2 GRC ergibt, dass der Anspruch der AN auf finanzielle Vergütung für nicht genommenen Urlaub im Wege der Erbfolge auf deren Rechtsnachfolger und Rechtsnachfolgerinnen übergehen können muss, und diese dementsprechend dem deutschen Recht entgegenstehen, das einen Untergang offener Urlaubsansprüche bei AN-Tod vorsieht.[80] Der EuGH bejahte damit die erste Vorlagefrage des deutschen BAG, weswegen er sich in der Folge

---

[77] EuGH 06.11.2018, C-569/16 und C-570/16 (Bauer und Willmeroth) Rz 36–50.
[78] Siehe oben Kapitel 1.1. Primär- und Sekundärrecht zum Urlaubsanspruch.
[79] EuGH 06.11.2018, C-569/16 und C-570/16 (Bauer und Willmeroth) Rz 51–62.
[80] EuGH 06.11.2018, C-569/16 und C-570/16 (Bauer und Willmeroth) Rz 63.

auch mit der Beantwortung der zweiten Vorlagefrage auseinandersetzte, welche auf die Wirkung von Art 7 AZ-RL und Art 31 Abs 2 GRC abzielte.

Diesbezüglich wiederholte der EuGH unter Berufung auf seine stRsp die Voraussetzungen für die unmittelbare RL-Wirkung, wobei er für Art 7 Abs 1 AZ-RL auf die Entscheidung in der Rs *Dominguez* verwies, in der dessen unmittelbare Wirkung bereits bejaht wurde. In der Folge erachtete der EuGH auch Art 7 Abs 2 AZ-RL als hinreichend bestimmt und unbedingt, sodass es zumindest im Falle von Frau Bauer zu einer unmittelbaren Wirkung von Art 7 Abs 2 AZ-RL kommt und diese einen Anspruch auf Zahlung der finanziellen Vergütung für den offenen Jahresurlaub ihres verstorbenen Mannes gegen die Stadt Wuppertal hat.[81] Zu einem anderen Ergebnis musste der EuGH im Falle von Frau Broßonn kommen, der im Rechtsstreit kein staatlicher, sondern ein privater AG gegenüberstand, da eine unmittelbare Wirkung einer RL-Bestimmung, auch wenn sie noch so klar, genau und unbedingt ist, nach der stRsp des EuGH zwischen zwei Privatpersonen nicht möglich ist. Eine solche Wirkung käme der Wirkung einer VO gleich und da die Union zum Erlass von VO nur in bestimmten Bereichen befugt ist, würde die Annahme einer unmittelbaren RL-Wirkung zwischen zwei Privatpersonen die Befugnisse der Union unzulässig erweitern. Da die unmittelbare RL-Wirkung im Falle von Frau Broßonn folglich zu verneinen war, prüfte der EuGH stattdessen die Tragweite von Art 31 Abs 2 GRC und ob sich daraus unmittelbar ein vererbbarer Anspruch auf bezahlten Jahresurlaub für Frau Broßonn ergeben könnte.[82] Zu Beginn der Prüfung ging der EuGH dabei näher auf das Recht auf bezahlten Jahresurlaub ein, wobei er ausführte, dass dieser wesentliche Grundsatz des Sozialrechts der Union seinen Ursprung sowohl in Rechtsakten auf Unionsebene, aber auch in verschiedenen völkerrechtlichen Verträgen hat. Dementsprechend wurde das Recht auf bezahlten Jahresurlaub nicht erst mit Art 7 AZ-RL (alt) bzw der Nachfolgebestimmung in Art 7 AZ-RL eingeführt. Als wesentlicher Grundsatz des Sozialrechts der Union hat der zweiteilige Jahresurlaubsanspruch nach Art 31 Abs 2 GRC zudem zwingenden Charakter, sodass Abweichungen – wie bereits erwähnt – nur unter den strengen Voraussetzungen in Art 52 Abs 1 GRC zulässig sind. Aufgrund dieses zwingenden Charakters und weil Art 31 Abs 2 GRC keiner Konkretisierungen bedarf und damit von Bedingungen unabhängig ist, schlussfolgerte der EuGH, dass Art 31 Abs 2 GRC AN für sich alleine ein Recht verleiht, auf welches sich AN in einem Rechtsstreit in einem vom Unionsrecht erfassten und damit in den Anwendungsbereich der GRC fallenden Sachverhalt gegen AG berufen können.[83] Zur unmittelbaren Drittwirkung von Art 31 Abs 2 GRC hielt der EuGH zudem noch fest, dass gem Art 51 Abs 1 GRC die Charta zwar nur für be-

[81] EuGH 06.11.2018, C-569/16 und C-570/16 (Bauer und Willmeroth) Rz 70–75.
[82] EuGH 06.11.2018, C-569/16 und C-570/16 (Bauer und Willmeroth) Rz 76–79.
[83] EuGH 06.11.2018, C-569/16 und C-570/16 (Bauer und Willmeroth) Rz 80–86.

stimmte Akteure und Akteurinnen bei der Durchführung des Unionsrechts gilt, gleichzeitig aber keine Regelung über Privatpersonen trifft, weswegen eine unmittelbare, mögliche Verpflichtung dieser zur Einhaltung einzelner Bestimmungen der GRC nicht kategorisch ausgeschlossen ist.[84] Aus der Argumentation des EuGH in dieser Rs folgte im Ergebnis nicht nur eine Verpflichtung nationaler Gerichte, Art 31 Abs 2 GRC entgegenstehende Regelungen unangewendet zu lassen, sondern auch eine weitergehende Verpflichtung, Rechtsnachfolgern und Rechtsnachfolgerinnen eine finanzielle Vergütung für den im Todeszeitpunkt noch offenen Jahresurlaub verstorbener AN zu verschaffen. Im Verhältnis AN zu staatlichem bzw staatlicher AG ergibt sich diese Verpflichtung folglich aus Art 7 AZ-RL und Art 31 Abs 2 GRC, im Verhältnis AN zu privatem bzw privater AG rein aus Art 31 Abs 2 GRC.[85]

Kritische Würdigung:

Vorab ist festzuhalten, dass sich der EuGH am 6. November 2018 nicht nur in den verbundenen Rs *Bauer und Willmeroth*, sondern auch in der Rs *Max-Planck-Gesellschaft*[86] praktisch wortgleich zur unmittelbaren Wirkung von Art 31 Abs 2 GRC geäußert hat.[87] Im Schrifttum wurden beide Urteile gleichermaßen kritisiert.

Einleitend kann festgehalten werden, dass gerade die Beantwortung der ersten Vorlagefrage, welche der EuGH als Aufforderung zur Überprüfung seiner bisherigen Auslegung von Art 7 AZ-RL und Art 31 Abs 2 GRC verstanden hat,[88] nur eine Wiederholung und Bestätigung seiner bestehenden Rsp darstellt.[89] Das Urteil brachte aber auch Neues, indem der EuGH in diesem Urteil erstmals und ausdrücklich eine unmittelbare Drittwirkung der GRC angenommen hat.[90] Zwar sind auch in der Vergangenheit schon andere EuGH-Urteile einer unmittelbaren Drittwirkung nahegekommen[91] und hat der EuGH in den Rs *Mangold* und *Egenberger* bereits judiziert, dass nationale Regelungen, die Unionsgrund-

---

84 EuGH 06.11.2018, C-569/16 und C-570/16 (Bauer und Willmeroth) Rz 87 ff.

85 EuGH 06.11.2018, C-569/16 und C-570/16 (Bauer und Willmeroth) Rz 92.

86 EuGH 06.11.2018, C-684/16 (Max-Planck-Gesellschaft).

87 Anm: Da der EuGH in der Rs *Max-Planck-Gesellschaft* auf das Urteil in den verbundenen Rs *Bauer und Willmeroth* verweist (Rz 68, 72, 77), wurde letzteres für die nähere Betrachtung herangezogen.

88 EuGH 06.11.2018, C-569/16 und C-570/16 (Bauer und Willmeroth) Rz 31.

89 Vgl *Piekenbrock*, Der Urlaub, der Tod und die Methodik des Unionsprivatrechts, GPR 2019, 93 (94).

90 *Trautmann*, 03/2020 Der Fall Bauer, DeLuxe 2020/03, 1 (1).

91 Vgl *Bell*, Drittwirkung der Charta der Grundrechte der Europäischen Union und ihre Folgen für das nationale Arbeitsrecht, DRdA 2019/28, 324 (326); *Sagan*, ZAS 2019/38, 211 (213); *Trautmann*, DeLuxe 2020/03, 1 (1).

rechten entgegenstehen, unangewendet bleiben müssen.[92] Die weitergehende Verpflichtung nationaler Gerichte, dafür zu sorgen, dass Rechtsunterworfene gegebenenfalls auch tatsächlich in den Genuss unionsrechtlich gewährleisteter Grundrechte kommen, kann aber als Novum dieser Rsp angesehen werden, welches im Schrifttum nicht wenig kritisiert wurde (siehe dazu gleich). Trotz der Kritik hat der EuGH aber schon in einer Folgeentscheidung (Rs *Cresco*[93]) unterstrichen, dass er den von ihm in diesem Urteil gewählten Weg weiter gehen will.[94]

Wie bereits angesprochen, wurde dieses EuGH-Urteil in der Literatur kritisch betrachtet, wobei sich vielfältige Kritikpunkte manifestieren. Eine mögliche unmittelbare Anwendbarkeit von Art 31 Abs 2 GRC wurde dabei sogar schon vor diesem Urteil kritisch im Schrifttum diskutiert, wobei sich beispielsweise *Ahrends* gegen eine unmittelbare Anwendbarkeit ausgesprochen hatte. Dies unter anderem, weil er der Meinung ist, dass eine Konkretisierung des Art 31 Abs 2 GRC über die AZ-RL abzulehnen sei, da dies dazu führen würde, dass *„das Primär- im Lichte des Sekundärrechts ausgelegt wird."*[95] Dem EuGH, der sich dennoch für eine unmittelbare Anwendbarkeit entschieden hatte, wurde im Anschluss an das Judikat daher vorgeworfen, dass seine Begründung im Hinblick auf Art 31 Abs 2 GRC geradezu naiv wirke[96] und eine horizontale Wirkung des Unionsgrundrechts nicht hinreichend begründen könne[97]. Kritisiert wurde auch seine Annahme, dass Art 7 AZ-RL und Art 31 Abs 2 GRC in ihrem Wesensgehalt inhaltlich identisch sind: Immerhin handle es sich bei Art 7 AZ-RL um eine strikt einzuhaltende Norm, die keine Abweichungen zulasse, während Art 31 Abs 2 als Grundrecht zu qualifizieren sei, welches im Rahmen der Grenzen des Art 52 Abs 1 GRC durchaus beschränkt werden könne und daher nicht ausnahmslos einzuhalten sei.[98] Als *„kühn"* und *„schwerlich überzeugen*[d]*"* beanstandet wurden zudem seine Ausführungen zum grds stark beschränkten Anwendungsbereich der GRC (Art 51 Abs 1).[99] Vor dem Hintergrund, dass schon vor diesem Urteil die Mehrheit im Schrifttum einer unmittelbaren Drittwirkung ablehnend gegenüberstand[100] und sich nur vereinzelt Stimmen fanden, für welche diese Wirkung zumindest

---

92 EuGH 22.11.2005, C-144/04 (Mangold) Rz 78; EuGH 14.04.2018, C-414/16 (Egenberger) Rz 82.

93 EuGH 22.01.2019, C-193/17 (Cresco).

94 *Marhold/Fuchs/Friedrich*, Handbuch: Europäisches Arbeitsrecht[6] (2020) 44 f.

95 *Ahrends*, Das europäisierte Urlaubsrecht 49.

96 *Piekenbrock*, GPR 2019, 93 (94).

97 *Sagan*, ZAS 2019/38, 211 (213).

98 *Sagan*, ZAS 2019/38, 211 (213).

99 *Bell*, DRdA 2019/28, 324 (326).

100 Siehe zB *Jarass*, Charta der Grundrechte der Europäischen Union: Kommentar[2] (2013) Art 51 GRC Rz 27 ff; *Kingreen* in Calliess/Ruffert (Hg), EUV/EGV[3] (2007) Art 51 GRC Rz 18.

nicht zur Gänze abwegig erschien,[101] ist diese Kritik auch nachvollziehbar und hätte man sich zur unmittelbaren Drittwirkung seitens EuGH in der Tat ein Mehr an Begründung erwarten dürfen.[102] Die unmittelbare Direktwirkung der GRC im Horizontalverhältnis wurde aber auch auf allgemeinerer Ebene kritisiert und *„als Irrweg* [angesehen], *der für die betroffenen Privatrechtsverkehrsteilnehmer buchstäblich zur Hölle werden kann."*[103] *Piekenbrock* rügte zudem, dass es dem Wesensgehalt eines Grundrechts nicht entspricht, wenn der Prüfungsmaßstab der unmittelbaren Wirkung im Horizontalverhältnis nicht entscheidend von jenem im Vertikalverhältnis abweicht, wie dies in concreto der Fall sei, nachdem beide Prüfungsmaßstäbe gleichermaßen auf eine inhaltliche Unbedingtheit und hinreichende Bestimmtheit abstellen. Im Ergebnis plädierte er daher dafür, zu einer richtlinienkonformen Rechtsanwendung zurückzukehren und bei verbleibenden Umsetzungsdefiziten auf das Rechtsmittel der Staatshaftung zurückzugreifen.[104] Weniger problematisch war die unmittelbare Drittwirkung für *Bell*, der richtigerweise anmerkte, dass die unmittelbare Drittwirkung der GRC trotz dieser neuen Rsp noch eingeschränkt sei, da der EuGH diese durchaus an Voraussetzungen knüpfe. Zum einen müsse es sich um ein klar bestimmtes Grundrecht handeln, welches keiner weiteren Konkretisierung bedürfen darf. Zum anderen müsse das Kriterium der *„Durchführung des Rechts der Union"* (Art 51 Abs 1 GRC) erfüllt werden.[105] Auswirkungen des Urteils über das Urlaubsrecht hinaus scheinen aber auch für *Bell* nicht abwegig, wie er am Beispiel von § 105 Abs 6 ArbVG illustriert, welcher im Lichte von Art 30 GRC bereits rege im Schrifttum diskutiert wurde.[106]

Insgesamt betrachtet gilt es festzuhalten, dass einige dieser Kritikpunkte durchaus gerechtfertigt erscheinen, weswegen es umso mehr enttäuscht, dass der EuGH trotz der geäußerten Kritik in der Folgeentscheidung in der Rs *Cresco* nicht nachträglich an seiner Begründung gefeilt hat. Zusammenfassend ist *Bell* in seiner Ansicht zuzustimmen, dass die GRC durch dieses Urteil jedenfalls eine unmissverständliche Stärkung erfahren hat, was im Verhältnis unter Privatpersonen vielfältige Möglichkeiten eröffnen könnte.[107]

---

101 Siehe zB *Holoubek/Lechner/Oswald* in Holoubek/Lienbacher (Hg), GRC-Kommentar (2014) Art 51 Rz 40; *Schonard* in Lenz/Borchardt (Hg), EU-Verträge Kommentar[6] (2012) Art 51 GRC Rz 4.

102 Vgl *Marhold/Fuchs/Friedrich*, Europäisches Arbeitsrecht[6] 44.

103 *Piekenbrock*, GPR 2019, 93 (96).

104 *Piekenbrock*, GPR 2019, 93 (95–98).

105 *Bell*, DRdA 2019/28, 324 (326).

106 *Bell*, DRdA 2019/28, 324 (327) mwN.

107 *Bell*, DRdA 2019/28, 324 (327).

1.3. Unionsrechtlicher Anspruch auf bezahlten Jahresurlaub

Aufbauend auf den grundlegenden Ausführungen zu Art 7 AZ-RL und Art 31 Abs 2 GRC sowie der zu diesen Bestimmungen ergangenen EuGH-Judikatur können nun an dieser Stelle die wichtigsten Eigenschaften des unionsrechtlichen Urlaubsanspruchs überblicksmäßig zusammengefasst werden.

Beim unionsrechtlichen Urlaubsanspruch handelt es sich zunächst um einen Anspruch auf bezahlten Mindestjahresurlaub von vier Wochen, der – mit Ausnahme der Beendigung des Arbeitsverhältnisses – nicht abgegolten werden darf (Art 7 AZ-RL) und auch in der GRC verankert wurde (Art 31 Abs 2). Er ist *„als ein besonders wichtiger Grundsatz des Sozialrechts der Gemeinschaft anzusehen, von dem nicht abgewichen werden darf"*[108] und der *„nicht restriktiv ausgelegt werden darf."*[109] Diese Feststellung wiederholte der EuGH seit der Rs *BECTU* praktisch in jeder Entscheidung, die zum unionsrechtlichen Urlaubsanspruch ergangen ist.[110] Der Wortwahl des EuGH (*„Grundsatz"*) ist dabei keine weitere Beachtung zu schenken, da trotzdem davon auszugehen ist, dass der EuGH den Anspruch auf bezahlten Jahresurlaub als Grundrecht und nicht lediglich als Grundsatz iS der GRC versteht. Dafür spricht zum einen, dass der EuGH selbst immer von einem *„Anspruch"*[111] oder *„Recht"*[112] spricht.[113] Zum anderen kann die GRC als Kodifizierung allgemeiner Rechtsgrundsätze angesehen werden, sodass ein Charta-Grundrecht idR bereits durch einen allgemeinen Rechtsgrundsatz geschützt ist,[114] was die sprachliche Vermischung der Begriffe „Grundsatz" und „Grundrecht" erklären kann. Der EuGH hat jedenfalls sehr früh klargestellt, dass es nicht in der Macht der MS steht, das Ob des bezahlten Jahresurlaubsanspruchs zu regeln. Diesbezüglich hat er Mindestbeschäftigungszeiten und die tatsächliche Arbeitsleistung bei ordnungsgemäß krankgeschriebenen AN oder rechtswidrig entlassenen AN als Entstehungsvoraussetzungen für den Urlaubsanspruch als un-

108 EuGH 26.06.2001, C-173/99 (BECTU) Rz 43.

109 EuGH 22.04.2010, C-486/08 (Zentralbetriebsrat der Landeskrankenhäuser Tirols) Rz 29.

110 Siehe zB EuGH 26.06.2001, C-173/99 (BECTU) Rz 43; EuGH 18.03.2004, C-342/01 (Merino Gómez) Rz 29; EuGH 16.03.2006, C-131/04 und C-257/04 (Robinson-Steele ua) Rz 48; EuGH 20.01.2009, C-350/06 und C-520/06 (Schultz-Hoff ua) Rz 22.

111 Siehe zB EuGH 16.03.2006, C-131/04 und C-257/04 (Robinson-Steele ua) Rz 48; EuGH 06.11.2018, C-569/16 und C-570/16 (Bauer und Willmeroth) Rz 58; EuGH 25.11.2021, C-233/20 (job-medium) Rz 28.

112 Siehe zB EuGH 06.11.2018, C-569/16 und C-570/16 (Bauer und Willmeroth) Rz 49, 51, 80, 83, 85; EuGH 13.12.2018, C-385/17 (Hein) Rz 43, EuGH 13.01.2022, C-514/20 (Koch Personaldienstleistungen) Rz 32, 40 ff.

113 Vgl *Kröll* in GRC-Kommentar^2 Art 31 Rz 11.

114 *Marhold/Fuchs/Friedrich*, Europäisches Arbeitsrecht^6 31 f.

zulässig erklärt.[115] Den MS steht es folglich nur offen, die Art und Weise der Durchführung dieses Anspruchs zu gestalten.

Darüber hinaus handelt es sich beim Anspruch auf bezahlten Jahresurlaub um einen sich unmittelbar aus der AZ-RL ableitbaren,[116] zweiteiligen Anspruch, der sowohl einen Anspruch auf Jahresurlaub (= Freistellung zur Erholung etc) als auch einen Anspruch auf Bezahlung (= Urlaubsentgelt) umfasst.[117] Dem Urlaubsentgelt ist das gewöhnliche Arbeitsentgelt zugrunde zu legen.[118] Dazu zählen auch Provisionen und regelmäßige Überstundenabgeltung.[119] Das gewöhnliche Arbeitsentgelt ist auch maßgebend für die finanzielle Vergütung bei Beendigung des Arbeitsverhältnisses.[120] Der Anspruch auf finanzielle Vergütung nach Art 7 Abs 2 AZ-RL ist dabei eng mit dem Anspruch auf Bezahlung verbunden.[121] Dieser Anspruch auf finanzielle Vergütung ist zwingend, kommt gem Art 7 Abs 2 AZ-RL jedoch nur subsidiär zum Tragen, sobald bestimmte taxative Voraussetzungen erfüllt werden.[122] Diese Subsidiarität nimmt der EuGH auch sehr ernst, was sich in der Entscheidung in der Rs *Federatie Nederlandse Vakbeweging* widerspiegelt, in welcher der EuGH eine Regelung, nach welcher nicht verbrauchter Urlaub noch während des Arbeitsverhältnisses in einem späteren Jahr durch eine finanzielle Vergütung ersetzt werden kann, für unionsrechtswidrig erklärt hat.[123]

Zu guter Letzt ist der unionsrechtliche Anspruch auf bezahlten Jahresurlaub unmittelbar anwendbar. Neben Art 7 Abs 1[124] und Abs 2 AZ-RL qualifiziert der EuGH auch Art 31 Abs 2 GRC als inhaltlich unbedingt und hinreichend bestimmt.[125] Eine unmittelbare Anwendbarkeit ist folglich sowohl im Vertikal- als auch im Horizontalverhältnis möglich. Im Vertikalverhältnis resultiert die unmittelbare Anwendbarkeit aus Art 7 AZ-RL iVm Art 31 Abs 2 GRC, während sie sich im Horizontalverhältnis allein aus Art 31 Abs 2 GRC ergibt.[126] Wenngleich diese unmittelbare Drittwirkung von Charta-Grundrechten im Schrifttum sehr umstritten ist, hat der EuGH in der Rs *Cresco* bestätigt, dass er diese Rechtspre-

---

115 EuGH 26.06.2001, C-173/99 (BECTU) Rz 64; EuGH 20.01.2009, C-350/06 und C-520/06 (Schultz-Hoff ua) Rz 41; EuGH 24.01.2012, C-282/10 (Dominguez) Rz 21; EuGH 25.06.2020, C-762/18 und C-37/19 (Varhoven kasatsionen sad na Republika) Rz 81; EuGH 12.10.2023, C-57/22 (Ředitelství silnic a dálnic) Rz 45.

116 EuGH 26.06.2001, C-173/99 (BECTU) Rz 47, 53.

117 EuGH 16.03.2006, C-131/04 und C-257/04 (Robinson-Steele ua) Rz 58.

118 EuGH 16.03.2006, C-131/04 und C-257/04 (Robinson-Steele ua) Rz 50.

119 EuGH 22.05.2014, C-539/12 (Lock) Rz 32 f; EuGH 13.12.2018, C-385/17 (Hein) Rz 46 f.

120 EuGH 20.01.2009, C-350/06 und C-520/06 (Schultz-Hoff ua) Rz 58–62.

121 EuGH 06.11.2018, C-569/16 und C-570/16 (Bauer und Willmeroth) Rz 58.

122 EuGH 12.06.2014, C-118/13 (Bollacke) Rz 23, 27.

123 EuGH 06.04.2006, C-124/05 (Federatie Nederlandse Vakbeweging) Rz 35.

124 EuGH 24.01.2012, C-282/10 (Dominguez) Rz 36.

125 EuGH 06.11.2018, C-569/16 und C-570/16 (Bauer und Willmeroth) Rz 73, 85.

126 EuGH 06.11.2018, C-569/16 und C-570/16 (Bauer und Willmeroth) Rz 92.

chungslinie weiterverfolgen wird.[127] Da Urteile des EuGH rechtlich bindend sind, wären letztinstanzliche innerstaatliche Gerichte gem Art 267 Abs 3 AEUV zur Vorlage an diesen verpflichtet, wenn sie von der unmittelbaren Anwendbarkeit im Horizontalverhältnis abweichen möchten.[128]

2. Grundlagen zum Jahresurlaub in Österreich

Nach dem UrlG gebührt AN in Österreich für jedes Arbeitsjahr ein bezahlter Urlaub im Ausmaß von 30 bzw nach Vollendung des 25. Dienstjahres von 36 Werktagen (§ 2 Abs 1 UrlG). Die 30 bzw 36 Werktage entsprechen dabei einem Urlaubsanspruch von fünf bzw sechs Wochen.[129] Die Bemessung des Anspruchs in Werktagen hat historische Gründe: Ursprünglich und lange vor Einführung des UrlG wurde das Urlaubsausmaß in Wochen ausgedrückt. Die Umstellung auf Werktage erfolgte dann 1946 – primär, um klarzustellen, dass in die Urlaubszeit fallende Sonn- und Feiertage nicht als Urlaubstage anzusehen sind.[130] Einer Woche haben damals aufgrund der üblichen Sechs-Tage-Arbeitswoche sechs Werktage entsprochen.[131] Im Ergebnis ist das Urlaubsausmaß in Österreich daher günstiger als jenes nach der AZ-RL. Wie auch im Unionsrecht vorgesehen, ist dem UrlG bereits seit seiner Stammfassung ein Ablöseverbot immanent – der Urlaub darf daher nicht in Geld oder sonstigen vermögenswerten Leistungen abgegolten werden (§ 7 UrlG).

Der fünf- bzw sechswöchige Urlaubsanspruch entsteht in Österreich in den ersten sechs Monaten des ersten Arbeitsjahres aliquot, danach in voller Höhe. Nach Vollendung des ersten Arbeitsjahres entsteht der gesamte Jahresurlaubsanspruch mit Beginn des Arbeitsjahres (§ 2 Abs 2 UrlG). Eine Wartezeit iS einer Mindestbeschäftigungsdauer ist in Österreich daher nicht (mehr)[132] vorgesehen. Will ein oder eine AN seinen oder ihren Urlaubsanspruch nutzen, hat er oder sie den Zeitpunkt des Urlaubsantritts mit dem oder der AG zu vereinbaren (§ 4 Abs 1 UrlG).

Während des Urlaubs steht AN – wie unionsrechtlich gefordert – ein Urlaubsentgelt (§ 6 UrlG) zu. Der Berechnung des Urlaubsentgelts liegt dabei das fiktive Ausfallsprinzip

[127] *Marhold/Fuchs/Friedrich*, Europäisches Arbeitsrecht[6] 44 f.
[128] EuGH 06.10.1982, C-283/81 (CILFIT); *Streinz*, Europarecht[12] (2023) Rz 714.
[129] *Drs*, Urlaubsrecht: Gesetze und Kommentare Nr 4[11] (2019) § 2 Rz 29; *Mayr/Erler*, Kommentar zum Urlaubsgesetz[3] (2019) § 2 Rz 2; *Gerhartl*, Urlaubsrecht: Kommentar (2015) § 2 Rz 20, 25; *Schrank*, Urlaubsgesetz: Kommentar (2018) § 2 Rz 34.
[130] ErlRV 156 BlgNR V. GP, 4.
[131] Sozialpolitische Informationen 155/94, 7, zitiert nach *Drs*, Urlaubsrecht[11] § 2 Rz 29.
[132] Siehe oben Kapitel 1.2.1. Zur Entstehung des Urlaubsanspruchs – BECTU.

zugrunde.[133] *„Demnach hat der Arbeitnehmer während seines Urlaubs* [...] *grundsätzlich jenes Entgelt zu erhalten, das er verdient hätte, wenn er in dieser Zeit gearbeitet hätte.“*[134] Das Urlaubsentgelt richtet sich daher nach dem während der Urlaubsdauer fiktiv bezogenen Entgelt und nicht nach einem vor Urlaubsantritt bezogenen Entgelt.[135] Ein Zeitlohn steht folglich auch für die Dauer des Urlaubs unverändert zu (§ 6 Abs 2 UrlG), während sich bei Leistungslöhnen das Urlaubsentgelt nach dem Durchschnitt der letzten 13 voll gearbeiteten Wochen berechnet (§ 6 Abs 4 UrlG). Bei anderen Lohnformen richtet sich das Urlaubsentgelt schließlich nach dem regelmäßigen Entgelt (§ 6 Abs 3 UrlG). Provisionen, Prämien, Zuschläge, Zulagen, Umsatz- und Gewinnbeteiligungen, die Entlohnung für regelmäßig anfallende Überstunden etc sind daher bei der Berechnung des Urlaubsentgelts ebenso zu berücksichtigen.[136] Das Urlaubsentgelt ist nach der gesetzlichen Konzeption – wie schon am Rande erwähnt[137] – bei Antritt des Urlaubs im Voraus zu zahlen (§ 6 Abs 6 UrlG).

In engem Zusammenhang mit dem Urlaubsentgelt steht die Urlaubsersatzleistung (§ 10 UrlG). Verfügen AN bei Beendigung des Arbeitsverhältnisses noch über einen offenen, nicht verjährten Urlaubsanspruch, steht ein Geldanspruch zu – die Urlaubsersatzleistung. Dabei gebührt die Ersatzleistung für das laufende Urlaubsjahr nur im aliquoten Ausmaß. Der Höhe nach richtet sich die Urlaubsersatzleistung nach dem ausständigen Urlaubsentgelt.[138]

Im UrlG sind grds alle urlaubsrechtlichen Bestimmungen – mit Ausnahme des nach hM zweiseitig zwingenden Ablöseverbots[139] – einseitig zwingend ausgestaltet (§ 12 UrlG).[140] Das bedeutet, dass von den Bestimmungen nur zu Gunsten der AN abgewichen werden darf (Günstigkeitsprinzip).[141] Ausgehend von dieser einseitig zwingenden Wirkung und dem normativen Gehalt der eben angesprochenen grundlegenden Bestimmungen des UrlG kann als Zwischenergebnis festgehalten werden, dass diese mit den im ersten

---

133 RIS-Justiz RS0058728; *Drs*, Urlaubsrecht[11] § 6 Rz 10, 12; *Mayr/Erler*, Urlaubsgesetz[3] § 6 Rz 1; *Reissner* in Neumayr/Reissner (Hg), Zeller Kommentar zum Arbeitsrecht, Band I[3] (2018) § 6 UrlG Rz 5; *Schrank*, Urlaubsgesetz § 6 Rz 6.

134 RIS-Justiz RS0058728. Siehe auch RIS-Justiz RS0064276.

135 RIS-Justiz RS0064276.

136 *Drs*, Urlaubsrecht[11] § 6 Rz 15; *Mayr/Erler*, Urlaubsgesetz[3] § 6 Rz 4; *Reissner* in Zeller Kommentar zum Arbeitsrecht I[3] § 6 UrlG Rz 7.

137 Siehe oben Kapitel 1.2.2. Zum Urlaubsentgelt – Robinson-Steele ua.

138 *Auer-Mayer*, Urlaubsersatzleistung, in RDB Keywords (2023).

139 Siehe zB *Drs*, Urlaubsrecht[11] § 12 Rz 10; *Reissner* in Neumayr/Reissner (Hg), Zeller Kommentar zum Arbeitsrecht, Band I[3] (2018) § 12 UrlG Rz 3.

140 Zur Unabdingbarkeit von § 10a UrlG siehe *Reissner* in Zeller Kommentar zum Arbeitsrecht I[3] § 12 UrlG Rz 1; *Schrank*, Urlaubsgesetz § 12 Rz 1.

141 *Drs*, Urlaubsrecht[11] § 12 Rz 1; *Reissner* in Zeller Kommentar zum Arbeitsrecht I[3] § 12 UrlG Rz 2; *Schrank*, Urlaubsgesetz § 12 Rz 1.

Kapitel ausgearbeiteten Grundzügen des unionsrechtlichen Urlaubsanspruchs durchaus in Einklang stehen. Der EuGH hat den unionsrechtlichen Urlaubsanspruch aber nicht nur in seinen Grundzügen, sondern über die letzten Jahre hinweg auch in bestimmten Bereichen (Zusammenfallen von Urlaub und Krankenstand, Änderung des Beschäftigungsausmaßes, Verfall bzw Verjährung des Urlaubsanspruchs und finanzielle Vergütung) konkretisiert. Trotz dieser Konkretisierungen ist das UrlG seit langer Zeit nicht mehr wesentlich novelliert worden. Die Unionsrechtskonformität des UrlG in diesen bestimmten Bereichen wird daher bereits seit einigen Jahren in Frage gestellt. In welchen dieser Spannungsfelder im UrlG tatsächlich ein Anpassungsbedarf besteht, wird nachstehend umfassend analysiert.

Zweiter Teil: Spannungsfelder im Urlaubsrecht

3. Jahresurlaub und Krankenstand

Im Spannungsfeld „Jahresurlaub und Krankenstand" können grds zwei Rechtsprechungslinien differenziert werden: Zum einen hat sich der EuGH schon ausführlich mit der Entstehung und dem Verfall von Jahresurlaubsansprüchen im Kontext des Krankenstands beschäftigt. Zum anderen hat er eine Judikaturlinie zur Inanspruchnahme des Urlaubsanspruchs während eines Krankenstands entwickelt. In diesem Kapitel liegt der Fokus ausschließlich auf der zweiten Rechtsprechungslinie; die erste wird später im Spannungsfeld „Jahresurlaub und Verjährung bzw Verfall" mitadressiert.

3.1. Unionsrechtsprechung – TSN und AKT

Der Entscheidung in den verbundenen Rs *TSN und AKT* lag ein vom finnischen Arbeitsgericht beantragtes Vorabentscheidungsersuchen zugrunde, welches sich mit zwei Rechtsstreitigkeiten zwischen jeweils einer AN-Organisation (TSN und AKT) und AG-Organisation auseinanderzusetzen hatte. Im Zentrum dieser Streitigkeiten stand die Weigerung der von den AG-Organisationen vertretenen AG, jeweils einem bzw einer ihrer AN, die von einer AN-Organisation vertreten wurden, jene Tage dem Urlaubskonto ganz oder teilweise gutzuschrieben, an welchen die AN während ihres bezahlten Jahresurlaubs infolge Krankheit arbeitsunfähig waren. Diese Weigerung hat Fragen bzgl der Auslegung von Art 31 Abs 2 GRC und Art 7 AZ-RL aufgeworfen.[142]

Zugrundeliegender Sachverhalt:[143]

Der Entscheidung in diesen verbundenen Rs lagen zwei sehr ähnliche Sachverhalte zugrunde. Die erste Rs (C-609/17) betraf eine AN aus der Gesundheitsbranche, der basierend auf dem einschlägigen Tarifvertrag ein siebenwöchiger bezahlter Jahresurlaub zustand und der für einen bestimmten Zeitraum sechs Urlaubstage gewährt worden waren. Noch vor Urlaubsantritt beantragte die AN, ihr die Urlaubstage wieder gutzuschreiben, da sie sich

142 EuGH 19.11.2019, C-609/17 und C-610/17 (TSN und AKT) Rz 1 f.
143 EuGH 19.11.2019, C-609/17 und C-610/17 (TSN und AKT) Rz 18–31.

vor dem geplanten Urlaub einem chirurgischen Eingriff unterziehen müsse, aufgrund dessen sie in der Folge auch tatsächlich für drei Wochen arbeitsunfähig war. Da sie von ihrem Urlaubsanspruch davor schon 22 Tage verbraucht hatte, wurden ihr unter Verweis auf den Tarifvertrag für die Gesundheitsbranche und das finnische Jahresurlaubsgesetz von den sechs Tagen nur zwei Tage gutschrieben. Ähnlich gelagert war der Sachverhalt in der zweiten Rs (C-610/17), in der ein AN im Mittelpunkt stand, auf den der Tarifvertrag der Branche Seehafenumschlag anwendbar war. Dieser AN erkrankte während seines Urlaubs für sechs Tage, wobei seinem Antrag auf Gutschrift dieser Tage nicht stattgegeben wurde. Daraufhin haben die AN-Organisationen TSN, die den Tarifvertrag für die Gesundheitsbranche unterzeichnet hatte, und AKT, die den Tarifvertrag für die Branche Seehafenumschlag unterschrieben hatte, beim finnischen Arbeitsgericht jeweils eine Feststellungsklage erhoben und geltend gemacht, dass das finnische Jahresurlaubsgesetz nicht mit dem Unionsrecht vereinbar sei. Die zwei AG-Organisationen, welche jeweils auch einen der Tarifverträge unterzeichnet hatten, waren gegenteiliger Auffassung. Das finnische Arbeitsgericht hat die Verfahren daraufhin ausgesetzt, um beim EuGH in Erfahrung zu bringen, ob das finnische Recht mit Art 7 AZ-RL und Art 31 Abs 2 GRC vereinbar ist sowie ob Art 31 Abs 2 GRC unmittelbare horizontale Wirkung entfaltet.

Erwägungen des EuGH:

Im Rahmen der Prüfung der Vorlagefragen widmete sich der EuGH zunächst Art 7 AZ-RL. Unter Verweis auf seine bestehende Rsp erinnerte er daran, dass sich aus der AZ-RL explizit ergibt, dass diese nur Mindestvorschriften aufstellt und MS im nationalen Recht günstigere Vorschriften vorsehen dürfen, sodass auch ein mehr als vierwöchiger Urlaubsanspruch mit Art 7 AZ-RL vereinbar ist. Derartige günstigere Vorschriften dürfen jedoch nicht dazu genutzt werden, Beeinträchtigungen des unionsrechtlich gewährten Mindestschutzes zu kompensieren. Ist dies nicht der Fall, unterliegt der über die Mindestdauer hinausgehende Urlaubsanspruch nicht der AZ-RL, sondern der Regelung im nationalen Recht. Der EuGH übernahm daher die Ausführungen des GA *Bot* und statuierte als Zwischenergebnis, dass es einerseits Sache der MS ist, einen zeitlich längeren Urlaubsanspruch wie im Unionsrecht vorzusehen, und diese andererseits die Bedingungen für die Gewährung und das Erlöschen des zusätzlichen Urlaubsanspruchs frei regeln können, wobei sie nicht an die vom EuGH in Bezug auf den Mindestjahresurlaubsanspruch etablierten Schutzregeln gebunden sind. Diesbezüglich verwies der EuGH auch auf drei früher ergangene Urteile, in welchen er bereits iS dieses Zwischenergebnisses entschieden hatte, und hielt fest, dass dies auch gleichermaßen für Regelungen wie die gegenständliche gilt: Solange der vierwöchige Mindestjahresurlaub sichergestellt ist, können die MS daher frei entscheiden, ob und unter welchen Voraussetzungen sie einen Anspruch auf Gutschrift des zusätzlichen Urlaubsanspruchs vorsehen. Im Ergebnis konkludierte der EuGH, dass das finnische Recht Art 7 AZ-RL nicht entgegensteht.[144]

Anschließend widmete sich der EuGH noch Art 31 Abs 2 GRC. Diesbezüglich statuierte er in einem ersten Schritt, dass für die Beantwortung der Vorlagefrage geprüft werden muss, ob nationale Regelungen wie die gegenständliche als *„Durchführung des Rechts der Union"* (Art 51 Abs 1 GRC) anzusehen sind und Art 31 Abs 2 GRC dementsprechend zur Anwendung gebracht werden kann. Dazu rief der EuGH unter Verweis auf seine Judikatur in Erinnerung, dass nationale Regelungen nicht allein deswegen in den Anwendungsbereich der Union fallen, weil die Union in dem Bereich, in den die Regelungen fallen, über Zuständigkeiten verfügt. In diesem Zusammenhang wies der EuGH sodann darauf hin, dass sich die Union und die MS dem Primärrecht entsprechend die Zuständigkeit im Bereich der Sozialpolitik teilen und sich aus der Ermächtigungsgrundlage der AZ-RL ergibt, dass die Union die MS im Bereich der AZ-RL unterstützt. Daraus leitet sich nach Ansicht des EuGH das in der AZ-RL normierte Recht der MS ab, günstigere Vorschriften im nationalen Recht vorsehen zu dürfen, solange die Kohärenz des Unionsrechts durch diese nicht gefährdet wird. Art 15 AZ-RL verleiht den MS folglich keine im Unionsrecht begründete Rechtsetzungsbefugnis, sondern beschränkt sich auf eine Anerkennung ihrer Befugnis, günstigere Bestimmungen vorzusehen. Art 15 AZ-RL unterscheidet sich daher von Bestimmungen in anderen Unionsrechtsakten, in welchen Wahlrechte, Ermessen oder Gestaltungsspielräume der MS integrierender Bestandteil dieser Bestimmungen sind. Da Regelungen wie die gegenständliche die Kohärenz des Unionsrechts nicht beeinträchtigen, fallen diese laut EuGH in die Zuständigkeit der MS – sie sind weder in der AZ-RL geregelt noch fallen sie in deren Anwendungsbereich, weswegen diese Regelungen in der Folge auch nicht in den Anwendungsbereich der GRC fallen können. Dementsprechend schlussfolgerte der EuGH für die finnischen Regelungen, dass Art 31 Abs 2 GRC auf diese gem Art 51 Abs 1 GRC nicht anwendbar ist. Basierend auf dieser Schlussfolgerung hat der EuGH verzichtet, sich mit der Wirkung von Art 31 Abs 2 GRC auseinanderzusetzen.[145]

Einordnung des Urteils in die Rechtsprechung des EuGH:

Das Urteil in den Rs *TSN und AKT* ist als eine der aktuelleren Entscheidungen jenen EuGH-Entscheidungen zuzuordnen, die sich mit dem Zusammenfallen von Jahres- und Krankheitsurlaub und damit mit dem Aspekt des Urlaubsverbrauchs auseinandersetzen.

[144] EuGH 19.11.2019, C-609/17 und C-610/17 (TSN und AKT) Rz 32–40.
[145] EuGH 19.11.2019, C-609/17 und C-610/17 (TSN und AKT) Rz 42–56.

In der ersten dieser Entscheidungen – dem Urteil in den Rs *Schultz-Hoff ua* – hat der EuGH klargestellt, dass es den MS freisteht zu entscheiden, ob sie einen Urlaubsverbrauch während eines Krankenstands verbieten oder erlauben.[146] Diese Klarstellung hat der EuGH in der zweiten relevanten Entscheidung in der Rs *Vicente Pereda* insofern konkretisiert, als er festgehalten hat, dass AN, die während ihres Krankenstands keinen Urlaub nehmen wollen, während eines im Voraus festgelegten Urlaubs aber krankheitsbedingt arbeitsunfähig sind, aufgrund der unterschiedlichen Zwecke des Jahres- und Krankheitsurlaubs die Möglichkeit eingeräumt werden muss, ihren Urlaub zu einem anderen Zeitpunkt zu verbrauchen. Dabei kann die Nachgewährung gegebenenfalls auch außerhalb des Bezugszeitraums erfolgen – vor allem, um Unternehmensinteressen entsprechend zu berücksichtigen.[147] Bezüglich dieser Unternehmensinteressen hat der EuGH in der Rs *Maestre García* jedoch statuiert, dass diese bei der Nachgewährung des Urlaubs zwar zu berücksichtigen sind, die Nachgewährung aber nicht ausschließen können. Der Urlaub ist daher jedenfalls im Nachhinein zu gewähren.[148] Für die Berechtigung, den Urlaub bei Arbeitsunfähigkeit zu einem anderen Zeitpunkt zu verbrauchen, spielt es auch keine Rolle, ob AN schon vor dem Urlaubsantritt arbeitsunfähig sind oder erst im Urlaub arbeitsunfähig werden, wie der EuGH in der der Rs *ANGED* festgehalten hat.[149] In der Rs *Sobczyszyn* hat er sodann noch darauf hingewiesen, dass diese Rechtsfolgen gleichermaßen für einen Genesungsurlaub gelten, wenn dieser einen anderen Zweck verfolgt als der Jahresurlaub.[150] Gemeinsam ist diesen Entscheidungen, dass den AN der Urlaub jeweils von dem oder der AG zugeteilt wurde. Es stellt sich folglich die Frage, ob diese vom EuGH getroffenen Aussagen auch für das Zusammenfallen von Jahres- und Krankheitsurlaub gelten, wenn der Urlaub von dem oder der AN frei gewählt wurde. Dafür spricht, dass sich die den angeführten Entscheidungen zugrundeliegende Argumentation der unterschiedlichen Zwecke des Jahres- und Krankheitsurlaubs gleichermaßen auf einen selbst gewählten Jahresurlaub übertragen lässt: In beiden Konstellationen ist der oder die AN während des Urlaubs arbeitsunfähig und damit beschäftigt, von einer Erkrankung zu genesen. Im Schrifttum wird diese Frage daher – wenngleich anders begründet – ebenso bejaht.[151] Es ist zudem kein Grund ersichtlich, warum es einen Unterschied machen soll, von welcher Partei die Initiative hinsichtlich des Urlaubs ausgegangen ist. Die vom EuGH getroffenen Aussagen zum Zusammenfallen von Jahresurlaub und Krankheitsurlaub gelten daher für jeglichen Jahresurlaub; es

---

146 EuGH 20.01.2009, C-350/06 und C-520/06 (Schultz-Hoff ua) Rz 31 f.

147 EuGH 10.09.2009, C-277/08 (Vicente Pereda) Rz 21, 23, 26.

148 EuGH 21.02.2013, C-194/12 (Maestre García) Rz 24.

149 EuGH 21.06.2012, C-78/11 (ANGED) Rz 24.

150 EuGH 30.06.2016, C-178/15 (Sobczyszyn) Rz 34.

151 *Rudkowski* in Schlachter/Heinig (Hg), Europäisches Arbeits- und Sozialrecht[2] (2021) § 12 Urlaub Rz 52.

kommt nicht darauf an, ob es sich um einen von dem oder der AG zugeteilten oder von dem oder der AN frei gewählten Urlaub handelt. In diese Rechtsprechungslinie fügt sich das Urteil in den Rs *TSN und AKT* nun ein, indem es den Anwendungsbereich dieser Judikate auf den unionsrechtlichen Mindestanspruch von vier Wochen einschränkt.

Insgesamt ergibt sich aus dem Unionsrecht daher, dass der Jahresurlaub durch krankheitsbedingte Arbeitsunfähigkeit der AN dann unterbrochen wird und zwingend zu einem späteren Zeitpunkt zu gewähren ist, wenn zum einen der oder die AN die Nachgewährung wünscht und dies zum anderen für die Sicherstellung des unionsrechtlichen vierwöchigen Jahresurlaubsanspruchs erforderlich ist. Mit diesem Bereich in Zusammenhang stehend hat der EuGH erst kürzlich klargestellt, dass Urlaub beim Zusammenfallen von Jahresurlaub mit Zeiten einer Quarantäne ohne krankheitsbedingte Arbeitsfähigkeit nicht nachzugewähren ist.[152] Damit hat sich der EuGH der Ansicht von GA *Pikamäe* angeschlossen.[153]

Kritische Würdigung:

Im Vergleich zu anderen Entscheidungen des EuGH im Urlaubsrecht wurde das Urteil in den Rs *TSN und AKT* im Schrifttum kaum beanstandet, sondern eher positiv aufgefasst: Die Präzisierung des Anwendungsbereichs der GRC durch den EuGH wurde begrüßt.[154] Die Argumentation wurde darüber hinaus als konsequent angesehen.[155] Kritisiert wurde aber, dass der EuGH dadurch, dass er den Anwendungsbereich von Art 31 Abs 2 GRC auf den unionsrechtlich determinierten Teil eingeschränkt hat, einen Widerspruch zum Urteil in der Rs *Alemo-Herron*[156], in welcher er im Betriebsübergangsrecht ein Grundrecht der GRC (Art 16 GRC) sehr wohl auch bei zusätzlichen nationalen Regelungen angewendet hat, erzeugt hat. Warum er im Urlaubsrecht anders entschieden hat, gehe aus den Ausführungen, in welchen er auf die Entscheidung in der Rs *Alemo-Herron* überhaupt nicht eingeht, nicht hervor. Dies, obwohl der zuständige GA basierend auf diesem Urteil in seinen Schlussanträgen[157] durchaus zu dem Ergebnis gekommen ist, dass Art 31 Abs 2 GRC auch bei zusätzlichen nationalen Urlaubsansprüchen zu beachten ist.[158] Erklärungen für

---

152 EuGH 14.12.2023, C-206/22 (Sparkasse Südpfalz). Noch anhängig Vorabentscheidungsersuchen vom 07.12.2022, C-749/22 (I GmbH).

153 GA 04.05.2023, C-206/22 (Sparkasse Südpfalz) Rz 60.

154 *Streinz*, Europarecht: Anwendungsbereich der EU-Grundrechtecharta, JuS 2020, 373 (373, 375); *Streinz*, Präzisierung des Anwendungsbereichs der EU-Grundrechtecharta, EuZA 2020, 355 (359 ff).

155 *Auer-Mayer*, Unionsrecht statt Urlaubsgesetz?, DRdA 2023, 179 (182).

156 EuGH 18.07.2013, C-426/11 (Alemo-Herron).

157 GA 04.06.2019, C-609/17 und C-610/17 (TSN und AKT).

158 *Sagan*, Arbeitsrecht: Gutschrift von Krankheitstagen während des Urlaubs – Karenztage bei freiwilligem Mehrurlaub, EuZW 2020, 69 (73).

diesen Widerspruch wurden im Schrifttum gesucht und diskutiert,[159] sind aber hier nicht von weiterem Interesse, da aufgrund der Rs *TSN und AKT* zumindest für das Urlaubsrecht jedenfalls klar ist, dass Art 31 Abs 2 GRC auf zusätzliche nationale Urlaubsansprüche nicht anzuwenden ist.[160]

3.2. Österreichische Rechtslage – § 5 Abs 1 Urlaubsgesetz

> *„Erkrankt (verunglückt) ein Arbeitnehmer während des Urlaubes, ohne dies vorsätzlich oder grob fahrlässig herbeigeführt zu haben, so werden auf Werktage fallende Tage der Erkrankung, an denen der Arbeitnehmer durch die Erkrankung arbeitsunfähig war, auf das Urlaubsausmaß nicht angerechnet, wenn die Erkrankung länger als drei Kalendertage gedauert hat." (§ 5 Abs 1 UrlG)*

§ 5 UrlG regelt, wie mit einer Erkrankung bzw einem Unglücksfall während des Urlaubs zu verfahren ist. Diese Frage wurde vor ihrer gesetzlichen Regelung kontrovers diskutiert, wobei sich der OGH 1952 gegen die hA stellte, indem er judizierte, dass es bei Erkrankung oder Unfall zu keiner Unterbrechung des Urlaubs kommt.[161] Diese Rechtsansicht des OGH korrigierte schließlich der Gesetzgeber mit dem Bundesgesetz vom 13. Mai 1964 betreffend Erkrankung während des Urlaubes (BGBl 108/1964).[162] Dieses Gesetz wurde im Wesentlichen in § 5 der Stammfassung des UrlG übernommen,[163] welcher seither nicht novelliert wurde. § 5 Abs 1 UrlG statuiert folglich noch immer dieselbe Unterbrechungsregel, deren Unterbrechungswirkung von bestimmten Voraussetzungen abhängt. Ausnahmen von der Anwendung der Unterbrechungsregel, die in zusätzliche Voraussetzungen umgedeutet werden können, sind darüber hinaus (nach wie vor) in Abs 2 und 3 festgelegt. Insgesamt hängt die Unterbrechungswirkung daher von folgenden Voraussetzungen ab:

(1) Vorliegen einer Erkrankung bzw eines Unglücksfalls während des Urlaubs, die bzw der zur Arbeitsunfähigkeit führt (Abs 1)
(2) Erfüllung der Mindestdauer der Erkrankung von mehr als drei Kalendertagen (Abs 1)
(3) Fehlen eines Verschuldens (Abs 1)

---

159 Siehe zB *Sagan*, EuZW 2020, 69 (73); *Streinz*, EuZA 2020, 355 (360 ff).

160 *Niksova*, Das Urlaubsrecht im europäischen Wandel – Eine Analyse der EuGH-Judikatur zum Verfall und zur Verjährung von Urlaubsansprüchen sowie zur Urlaubsersatzleistung, wbl 2022, 481 (489).

161 OGH 10.07.1952, 4 Ob 84/52 mit Verweis auf OGH 03.06.1952, 4 Ob 75/52; *Gerhartl*, Urlaubsrecht § 5 Rz 1; *Mayr/Erler*, Urlaubsgesetz³ § 5 Rz 1.

162 ErlRV 364 BlgNR X. GP, 2; *Mayr/Erler*, Urlaubsgesetz³ § 5 Rz 1.

163 ErlRV 150 BlgNR XIV. GP, 10; *Gerhartl*, Urlaubsrecht § 5 Rz 2; *Mayr/Erler*, Urlaubsgesetz³ § 5 Rz 1.

(4) Nichtausübung einer dem Erholungszweck widersprechenden Erwerbstätigkeit, die kausal für die Erkrankung bzw den Unglücksfall ist (Abs 2)
(5) Erfüllung der Mitteilungs- und Nachweispflichten (Abs 3)

Während die Beweispflicht für das Vorliegen der ersten Voraussetzung bei den AN liegt, müssen AG gegebenenfalls nachweisen, dass AN ein Verschulden trifft oder diese eine dem Erholungszweck widersprechende Erwerbstätigkeit ausgeübt haben.[164]

Für die Dauer der Arbeitsunfähigkeit wird der Urlaub ausschließlich dann unterbrochen, wenn alle dieser Voraussetzungen erfüllt sind. Dies bedeutet gleichzeitig, dass der Urlaub dann fortgesetzt wird, wenn der Unterbrechungsgrund noch innerhalb des vereinbarten Urlaubszeitraumes wegfällt.[165] Zu einer Verlängerung des vereinbarten Urlaubszeitraumes kommt es dadurch aber nicht automatisch – eine solche bedarf einer Vereinbarung gem § 4 Abs 1 UrlG.[166] Im Hinblick auf das Urlaubsausmaß bewirkt die Unterbrechung, dass die Krankheitstage nicht (mehr) als Urlaubstage gelten und daher nicht auf das Urlaubsausmaß angerechnet werden – diese aufgrund der Erkrankung bzw des Unglücksfalls nicht verbrauchten Urlaubstage werden daher wieder rückgebucht und gutgeschrieben.[167] Nachdem für Krankheitstage kein Anspruch auf Urlaubsentgelt, sondern auf Entgeltfortzahlung nach Maßgabe der einschlägigen Rechtsvorschriften besteht, ist ein bereits gezahltes Urlaubsentgelt mit diesem Anspruch zu verrechnen, sodass der Anspruch auf Urlaubsentgelt für die gutgeschriebenen Urlaubstage bestehen bleibt.[168]

Mit Blick auf das Unionsrecht stellt sich noch die Frage, was passiert, wenn die Erkrankung nicht *„während des Urlaubs"* (§ 5 Abs 1 UrlG) eintritt, sondern der oder die AN vor dem Urlaub erkrankt. Nach dem Unionsrecht (Rs *ANGED*) berechtigt nämlich auch dieser Fall AN dazu, ihren Urlaub später zu nehmen. Sind schon bei Abschluss der Urlaubsvereinbarung Umstände bekannt, für welchen der oder die AN ohnehin Anspruch auf Entgeltfortzahlung bei Entfall der Arbeitsleistung hätte, ist eine trotzdem geschlossene Urlaubsvereinbarung gem § 4 Abs 2 UrlG[169] nichtig. Der Fall, dass die Erkrankung im Zeitraum zwischen Urlaubsvereinbarung und Urlaubsantritt ausbricht oder bekannt wird, ist hinge-

164 *Cerny*, Urlaubsrecht[10] § 5 Erl 11; *Gerhartl*, Urlaubsrecht § 5 Rz 9; *Mayr/Erler*, Urlaubsgesetz[3] § 5 Rz 3, 7, 8; *Reissner* in Neumayr/Reissner (Hg), Zeller Kommentar zum Arbeitsrecht, Band 1[3] (2018) § 5 UrlG Rz 5, 10, 15.

165 *Mayr/Erler*, Urlaubsgesetz[3] § 5 Rz 2; *Reissner* in Zeller Kommentar zum Arbeitsrecht I[3] § 5 UrlG Rz 23.

166 OGH 18.10.1983, 4 Ob 190/82.

167 *Gerhartl*, Urlaubsrecht § 5 Rz 40; *Reissner* in Zeller Kommentar zum Arbeitsrecht I[3] § 5 UrlG Rz 24; *Schrank*, Urlaubsgesetz § 5 Rz 5.

168 *Cerny*, Urlaubsrecht[10] § 5 Erl 18; *Gerhartl*, Urlaubsrecht § 5 Rz 44; *Reissner* in Zeller Kommentar zum Arbeitsrecht I[3] § 5 UrlG Rz 24.

169 Anm: § 4 Abs 2 UrlG ist nicht unionsrechtswidrig, da es den MS nach der Judikatur des EuGH freisteht, einen Urlaubsverbrauch während eines Krankenstands zu verbieten oder zu erlauben (EuGH 20.01.2009, C-350/06 und C-520/06 (Schultz-Hoff ua) Rz 31 f).

gen nicht gesetzlich geregelt. Diese Konstellation wurde im Schrifttum und in der Rsp gelöst, wobei keine Einigkeit besteht. Während *Schrank* der Ansicht ist, dass § 5 UrlG auf diese Fallkonstellation entweder unmittelbar oder analog anzuwenden ist,[170] verweisen *Reissner, Drs* sowie *Mayr* und *Erler* auf die bestehende Möglichkeit, einseitig aufgrund Vorliegens eines wichtigen Grundes von der Urlaubsvereinbarung zurücktreten zu können.[171] Auf diese Möglichkeit haben auch schon die Materialien zur Stammfassung des UrlG für jene Fälle verwiesen, in denen ein Verhinderungsgrund erst nach der Urlaubsvereinbarung oder nach dem Urlaubsantritt auftaucht und § 4 Abs 2 UrlG folglich nicht anwendbar ist.[172] Dass ein einseitiger Rücktritt von der Urlaubsvereinbarung aus wichtigen Gründen möglich ist, hat der OGH einige Zeit später auch bestätigt.[173] Zudem hat der OGH festgehalten, dass Verhinderungsgründe iS des § 4 Abs 2 UrlG, zu welchen auch Erkrankung und Unglücksfall zählen, immer berechtigte Rücktrittsgründe darstellen.[174] Weiters hat er judiziert, dass die Verhinderungsgründe iS des § 4 Abs 2 UrlG – mit Ausnahme der Erkrankung und des Unglücksfalls – nicht nur zu einem Rücktritt berechtigen, wenn diese vor dem Urlaubsantritt auftauchen, sondern auch, wenn diese nach dem Urlaubsantritt eintreten. Möchten AN von diesem Rücktrittsrecht jedoch nicht Gebrauch machen, ist nach Ansicht des OGH auch eine analoge Anwendung von § 5 UrlG möglich. Der OGH statuiert hier also ein Wahlrecht.[175] Basierend auf den gesetzlichen Regelungen und der Rsp des OGH gestaltet sich die österreichische Rechtslage daher wie in nachstehender Tabelle veranschaulicht:

---

170 *Schrank*, Urlaubsgesetz § 5 Rz 8–11.

171 *Auer-Mayer*, Erkrankung im Urlaub, in RDB Keywords (2023) Rz 11; *Drs*, Urlaubsrecht[11] § 5 Rz 6 f; *Mayr/Erler*, Urlaubsgesetz[3] § 5 Rz 5; *Mayr/Andexlinger*, Urlaubsabbruch - Austritt aus dem Urlaubsverhältnis, RdW 1989, 367 (367); *Reissner* in Zeller Kommentar zum Arbeitsrecht I[3] § 5 UrlG Rz 7.

172 AB 276 BlgNR XIV. GP, 3.

173 OGH 06.09.1983, 4 Ob 89/83; OGH 15.06.1988, 9 Ob A 132/88; OGH 22.11.1989, 9 Ob A 306/89.

174 OGH 12.06.1996, 9 Ob A 2082/96h; OLG Wien 06.06.2005, 9 Ra 29/05h.

175 OGH 22.11.1989, 9 Ob A 306/89.

Fallkonstellation	Rechtsfolge mit einschlägiger Rechtsgrundlage
Verhinderungsgründe iS des § 4 Abs 2 UrlG sind bereits bei Abschluss der Urlaubsvereinbarung bekannt	Nichtigkeit der Urlaubsvereinbarung (§ 4 Abs 2 UrlG)
Verhinderungsgründe iS des § 4 Abs 2 UrlG treten nach Abschluss der Urlaubsvereinbarung, aber noch vor Urlaubsantritt ein bzw werden bekannt	Keine Anrechnung auf das Urlaubsausmaß (idR) (einseitiger Rücktritt aus wichtigem Grund oder § 5 UrlG analog)
Erkrankung/Unglücksfall tritt nach Urlaubsantritt ein bzw wird bekannt	Keine Anrechnung auf das Urlaubsausmaß (idR) (§ 5 UrlG als lex specialis)
Andere Verhinderungsgründe iS des § 4 Abs 2 UrlG treten nach Urlaubsantritt ein bzw werden bekannt	Keine Anrechnung auf das Urlaubsausmaß (idR) (einseitiger Rücktritt aus wichtigem Grund oder § 5 UrlG analog)

Tabelle 1: Überblick über die Rechtslage bei Zusammenfallen von Urlaub und Arbeitsverhinderungen (Quelle: Eigene Darstellung)

Im Schrifttum ist aber nicht nur umstritten, welcher der beiden Lösungen (einseitiger Rücktritt oder § 5 UrlG analog) der Vorrang einzuräumen ist, sondern auch, wie § 5 UrlG analog zur Anwendung zu bringen wäre. *Schrank* und *Gerhartl* sind diesbezüglich der Meinung, dass alle Voraussetzungen von § 5 UrlG auch bei einer analogen Anwendung auf andere Verhinderungsgründe erfüllt werden müssen.[176] Nachvollziehbar ist dies mit Blick auf die Voraussetzung „Fehlen eines Verschuldens“ (in Folge: Verschuldensvoraussetzung): Diese ist an § 8 Abs 1 AngG bzw § 2 Abs 1 EFZG angelehnt.[177] Da § 8 AngG in Abs 3 eine solche Voraussetzung auch für die Entgeltfortzahlung bei anderen wichtigen Verhinderungsgründen statuiert, erscheint es grds gerechtfertigt, die Verschuldensvoraussetzung des § 5 UrlG auch bei dessen analoger Anwendung zu verlangen. Ausgehend von § 8 Abs 3 AngG vertreten *Schrank* und *Reissner* sogar, dass bei den anderen Verhinderungsgründen bereits leichte Fahrlässigkeit anspruchsschädlich sein soll.[178] Hinsichtlich der Mindesterkrankungsdauer (in Folge: Drei-Tage-Voraussetzung) kann die Ansicht von *Schrank* und *Gerhartl* jedoch nicht aufrechterhalten werden:[179] Entgegen der Ansicht *Gerhartls* stellt diese mE nämlich primär kein Richtwert für die Frage zur Verfügung, ab

176 *Schrank*, Urlaubsgesetz § 5 Rz 28 ff; *Gerhartl*, Urlaubsrecht § 5 Rz 46.
177 ErlRV 364 BlgNR X. GP, 2.
178 *Reissner* in Zeller Kommentar zum Arbeitsrecht I^3 § 5 UrlG Rz 10; *Schrank*, Urlaubsgesetz § 5 Rz 15.
179 Im Ergebnis auch *Kallab*, Pflegefreistellung unterbricht Urlaub, DRdA 2003/36, 362 (365); *Reissner* in Zeller Kommentar zum Arbeitsrecht I^3 § 5 UrlG Rz 6.

wann der Erholungswert des Urlaubs beeinträchtigt ist.[180] Zweck der Drei-Tage-Voraussetzung ist nach den Materialien vielmehr, die Unterbrechungswirkung auf ernstlichere Erkrankungen zu beschränken.[181] Mit diesem Zweck vor Augen erübrigt sich mE die Notwendigkeit einer solchen Voraussetzung bei den anderen Verhinderungsgründen. Deren Ernsthaftigkeit bzw Wichtigkeit ergibt sich bereits aus ihrer Natur, aufgrund der es AN gestattet wird, ihre Dienstleistung ausnahmsweise nicht erbringen zu müssen (siehe dazu § 8 Abs 1 AngG). Im Gegensatz zu einer Erkrankung bzw einem Unglücksfall sind die anderen Verhinderungsgründe bereits an sich ernstlich. Zudem würde die Drei-Tage-Voraussetzung die analoge Anwendung von § 5 UrlG auf andere Verhinderungsgründe in der Praxis mangels Nichterfüllung dieser Voraussetzung weitestgehend unmöglich machen. In der Praxis werden AN bei Vorliegen der anderen Verhinderungsgründe nämlich idR nicht länger als drei Arbeitstage vom Dienst freigestellt.[182] Eine analoge Anwendung von § 5 UrlG würde daher im Großteil der Fälle ins Leere laufen, wenn die Drei-Tage-Voraussetzung zu erfüllen wäre.

Zusammenfassend kann festgehalten werden, dass AN ein Wahlrecht zwischen einseitigem Rücktritt und der analogen Anwendung von § 5 UrlG zukommt, wenn Verhinderungsgründe iS des § 4 Abs 2 UrlG im Zeitraum zwischen Urlaubsvereinbarung und Urlaubsantritt eintreten oder bekannt werden bzw wenn Verhinderungsgründe iS des § 4 Abs 2 UrlG (mit Ausnahme der Erkrankung und des Unglücksfalls) nach Urlaubsantritt eintreten oder bekannt werden. Während das Rücktrittsrecht keine Verschuldens- oder Drei-Tage-Voraussetzung kennt,[183] müssen diese Voraussetzungen bei einer analogen Anwendung von § 5 UrlG möglicherweise erfüllt werden – der OGH hat diese Frage ausdrücklich offengelassen.[184] Eine diesbezügliche Klarstellung – gegebenenfalls auch durch den Gesetzgeber – wäre wünschenswert. Im Ergebnis haben österreichische AN aber dem Grunde nach sowohl bei krankheitsbedingter Arbeitsunfähigkeit vor als auch während des Urlaubs die Möglichkeit, die betroffenen Urlaubstage später zu nehmen.

180 *Gerhartl*, Urlaubsrecht § 5 Rz 46.
181 ErlRV 364 BlgNR X. GP, 2.
182 Siehe zB *Bundesministerium für Bildung Wissenschaft und Forschung*, Sonderurlaub: Rundschreiben Nr 22/2013 sowie diverse Kollektivverträge (zB Kollektivvertrag für Angestellte und Lehrlinge in Handelsbetrieben, Abschnitt 1, G; Rahmenkollektivvertrag für Angestellte der Industrie, § 7 Abs 1; Kollektivvertrag für Angestellte im österreichischen Bäckergewerbe, § 8).
183 *Cerny*, Urlaubsrecht[10] § 4 Erl 12; *Drs*, Urlaubsrecht[11] § 4 Rz 110.
184 OGH 16.10.2002, 9 Ob A 90/02d.

3.3. Gegenüberstellung und unionsrechtliche Beurteilung

Nach der Rsp des EuGH sind (auch einzelne) Urlaubstage, die mit Tagen krankheitsbedingter Arbeitsunfähigkeit des oder der AN vor Urlaubsantritt oder während des Urlaubs zusammenfallen, zwingend zu einem anderen Zeitpunkt nachzugewähren, wenn der oder die AN dies wünscht. Seit dem Urteil in den Rs *TSN und AKT* ist aber auch klar, dass diese Vorgaben des EuGH nur für den unionsrechtlich determinierten Mindestjahresurlaubsanspruch von vier Wochen gelten. Ein darüberhinausgehender, national gewährter Urlaubsanspruch ist davon abzugrenzen.

Nach der österreichischen Rechtslage werden Urlaubstage, die mit Tagen krankheitsbedingter Arbeitsunfähigkeit des oder der AN vor Urlaubsantritt oder während des Urlaubs zusammenfallen, dem Urlaubsanspruch grds wieder gutgeschrieben (§ 5 UrlG). Bei Erkrankung im Urlaub sowie – abhängig von der vertretenen Rechtsmeinung – bei Erkrankung vor Urlaubsantritt sind für die Urlaubsunterbrechung und Gutschrift aber bestimmte Voraussetzungen (Mindestdauer der Arbeitsunfähigkeit, Fehlen eines Verschuldens, Nichtausübung einer dem Erholungszweck widersprechenden Erwerbstätigkeit, Erfüllung von Mitteilungs- und Nachweispflichten) zu erfüllen. Mit Voraussetzungen abseits der Mindesterkrankungsdauer hat sich der EuGH – soweit ersichtlich – noch nicht auseinandergesetzt. Ausgehend von seiner Judikatur zum Wesen des unionsrechtlichen Urlaubsanspruchs (Stichwörter: „besonderer Grundsatz“, „keine restriktive Auslegung“) ist eher davon auszugehen, dass auch diese zusätzlichen Voraussetzungen den unionsrechtlich determinierten Urlaubsanspruch nicht beschneiden dürfen. Speziell die Verschuldensvoraussetzung könnte dabei Probleme bereiten: Wie oben ausgeführt argumentiert der EuGH beim Zusammenfallen von Krankheits- und Jahresurlaub mit den unterschiedlichen Zwecken dieser beiden Urlaubsarten. Diese Argumentation lässt sich auch ohne Probleme auf einen verschuldeten Krankenstand übertragen, denn auch bei diesem steht die Genesung und damit ein anderer Zweck als jener des Jahresurlaubs im Vordergrund. Dies spricht gegen die Zulässigkeit der Verschuldensvoraussetzung. Für die Zulässigkeit sprechen könnte aber, dass der EuGH erst kürzlich in der Entscheidung zum Zusammenfallen von Jahresurlaub mit Zeiten einer Quarantäne zum Krankheitsurlaub zusätzlich betont hat, dass das Eintreten der Arbeitsunfähigkeit bei diesem grds *„nicht vorhersehbar und vom Willen des Arbeitnehmers unabhängig“*[185] ist. Zumindest bei einer vorsätzlichen Erkrankung bzw einem vorsätzlichen Unglücksfall ist dem jedenfalls nicht so. Bei der groben Fahrlässigkeit wird man hingegen eher nicht annehmen können, dass Erkrankung bzw Unglücksfall vorhersehbar und vom Willen des AN abhängig waren. In der Quarantäne-Entscheidung hat der EuGH in der Folge aber auch festgehalten, dass AN während des Ur-

185 EuGH 14.12.2023, C-206/22 (Sparkasse Südpfalz) Rz 33.

laubs keiner Verpflichtung durch den AG unterworfen werden dürfen, die verhindern kann, dass diese frei und ununterbrochen ihre eigenen Interessen verfolgen können.[186] Während eines Krankenstands – verschuldet oder unverschuldet – unterliegen AN aber strengen Verhaltenspflichten,[187] wobei ein Fehlverhalten sogar eine Entlassung rechtfertigen kann.[188] Fallen Jahresurlaub und verschuldeter Krankenstand gem § 5 UrlG zwingend zusammen, unterliegen AN daher im Urlaub durchaus einer Verpflichtung, die sie daran hindert, ihren eigenen Interessen nachzukommen. Die Verschuldensvoraussetzung ist daher aus Perspektive des Unionsrechts kritisch zu sehen.

Die (analoge) Anwendung von § 5 UrlG kann daher (zumindest jedenfalls mit Blick auf die Mindesterkrankungsdauer) dazu führen, dass es zu einer Beeinträchtigung des unionsrechtlich determinierten Mindestjahresurlaubsanspruchs kommt. Im Gegensatz zur finnischen Regelung (*„Die vorstehend genannten Karenztage dürfen den Anspruch des Arbeitnehmers auf vier Wochen Jahresurlaub nicht mindern.“*[189]) kann § 5 UrlG eine Beschränkung auf den über den unionsrechtlich hinausgehenden Urlaubsanspruch nämlich nicht entnommen werden. Im Ergebnis steht § 5 UrlG daher in Widerspruch zur Unionsrechtslage, sodass ein Anpassungsbedarf besteht. Auf diesen Anpassungsbedarf wird auch im Schrifttum hingewiesen.[190] Basierend auf Art 4 Abs 3 EUV ist der österreichische Gesetzgeber folglich verpflichtet, § 5 UrlG aufzuheben oder an das Unionsrecht anzupassen.[191] Im Idealfall streicht der Gesetzgeber die Voraussetzungen in § 5 UrlG mit Ausnahme der krankheitsbedingten Arbeitsunfähigkeit. Mit Blick auf die Novellierung von § 10 Abs 2 UrlG[192] scheint aber eine zukünftige Zweiteilung des § 5 UrlG wahrscheinlicher,

---

186 EuGH 14.12.2023, C-206/22 (Sparkasse Südpfalz) Rz 44.

187 Siehe zB *Gerhartl*, Arbeitnehmerpflichten im Krankenstand, ecolex 2014, 550; *Lang*, Verhaltenspflichten im Krankenstand, ASoK 2014, 129; *Winter/Wartinger*, Pflichten des Arbeitnehmers bei Krankenstand, ZAS 2010, 59.

188 *Pfeil* in Neumayr/Reissner (Hg), Zeller Kommentar zum Arbeitsrecht, Band 1^3 (2018) § 27 AngG Rz 41–46.

189 § 25 Abs 2 des finnischen Jahresurlaubsgesetzes in der durch das Gesetz (182/2016) geänderten Fassung, zitiert nach EuGH 19.11.2019, C-609/17 und C-610/17 (TSN und AKT) Rz 14.

190 Siehe zB *Auer-Mayer*, Ausgewählte Rechtsprobleme rund um Urlaub und Feiertage, ZAS 2020/22, 126 (130); *Auer-Mayer*, DRdA 2023, 179 (185); *Erler*, Krank im Urlaub? Urlaub und Krankenstand sind nicht vereinbar, ecolex 2019, 166 (168); *Erler*, Der EuGH bewirkt massive Änderungen im österreichischen Urlaubsgesetz, ÖZPR 2019/3, 4 (6); *Mayr/Erler*, Urlaubsgesetz^3 § 5 Rz 18; *Schrenk*, Verjährung des Erholungsurlaubes im Lichte der Rechtsprechung des EuGH, PV Profi 2022/4, 6 (6).

191 *Kahl* in Calliess/Ruffert (Hg), EUV/AEUV: Kommentar^6 (2022) Art 4 EUV Rz 118; *Klamert/Stöger* in Jaeger/Stöger (Hg), EUV/AEUV (2023) Art 4 EUV Rz 113; *Mayr/Erler*, Urlaubsgesetz^3 § 5 Rz 18.

192 Für eine ausführliche Auseinandersetzung dazu siehe unten Kapitel 6.2.2. Österreichische Rechtslage – § 10 Abs 2 Urlaubsgesetz.

wenngleich eine solche in der Literatur als *„umständlich"*[193] und *„unpraktikabel"*[194] abgelehnt wird. In Anlehnung an die finnische Regelung könnte in § 5 UrlG de lege ferenda folgender Abs 4 eingeführt werden, um die Unionsrechtskonformität sicherzustellen:

> *Die Anwendung der Abs 1 bis 3 darf den Anspruch der AN auf vier Wochen Jahresurlaub nicht mindern.*

Bis zur erforderlichen Anpassung stellt sich nun noch die Frage, wie mit § 5 UrlG bis dahin innerstaatlich umzugehen ist. Dazu ist primär zu prüfen, ob § 5 UrlG richtlinienkonform interpretiert werden kann.[195] Aufgrund der explizit in § 5 UrlG angeführten (unionsrechtlich problematischen) Voraussetzungen, ist dies aufgrund der Wortlautgrenze[196] zu verneinen.[197] Es kommt daher zum Anwendungsvorrang des Unionsrechts – § 5 hat zur Gänze unangewendet zu bleiben. Dieser Vorrang greift nach der Unionsrechtslage aber nur, wenn es zu einer Beschneidung des unionsrechtlich determinierten Urlaubsanspruchs käme. Werden nur die fünfte oder sechste Urlaubswoche beschnitten, darf § 5 UrlG daher weiterhin zur Anwendung gebracht werden.

4. Jahresurlaub und Änderung des Beschäftigungsausmaßes

4.1. Unionsrechtsprechung – Zentralbetriebsrat der Landeskrankenhäuser Tirols

Das Urteil in der Rs C-486/08 geht auf ein Vorabentscheidungsersuchen des LG Innsbruck zurück. Dieses hatte sich mit einem Rechtsstreit zwischen dem Zentralbetriebsrat der Landeskrankenhäuser Tirols und dem Land Tirol auseinanderzusetzen, welcher Fragen zur Auslegung von § 4 Rahmenvereinbarung über Teilzeitarbeit[198], § 4 Rahmenvereinbarung

193 *Erler*, ecolex 2019, 166 (168); *Erler*, ÖZPR 2019/3, 4 (6).

194 *Mayr/Erler*, Urlaubsgesetz³ § 5 Rz 18.

195 Zur Verpflichtung der richtlinienkonformen Interpretation EuGH 13.11.1990, C-106/89 (Marleasing) Rz 8. Dem folgend: RIS-Justiz RS0111214 und RS0112669.

196 RIS-Justiz RS0114158 (insbesondere T1, T2 und T9).

197 *Auer-Mayer*, DRdA 2023, 179 (185).

198 RL 97/81/EG des Rates vom 15. Dezember 1997 zu der von UNICE, CEEP and EGB geschlossenen Rahmenvereinigung über Teilzeitarbeit – Anhang: Rahmenvereinbarung über Teilzeitarbeit, ABl L 1998/14, 9.

über befristete Arbeitsverträge[199] sowie Art 14 Gleichbehandlungs-RL[200] aufgeworfen hatte.[201]

Zugrundeliegender Sachverhalt:[202]

Als zuständiges Organ der AN der Landeskrankenhäuser Tirols reichte der Zentralbetriebsrat eine Feststellungsklage beim LG Innsbruck ein, im Rahmen derer das LG Innsbruck ersucht wurde, die Unionsrechtswidrigkeit verschiedener Bestimmungen des Tiroler Landes-Vertragsbedienstetengesetz (L-VBG) festzustellen. Infolgedessen hat das LG Innsbruck das Verfahren ausgesetzt und den EuGH um Vorabentscheidung ersucht. Dazu legte das LG Innsbruck dem EuGH zunächst vier Fragen vor, wobei das Gericht sein Ersuchen später mittels Beschlusses auf die Beantwortung der Fragen zwei bis vier beschränkte. Wissen wollte das LG Innsbruck zum einen, ob zwei Bestimmungen im L-VBG im Lichte der Rahmenvereinbarung über befristete Arbeitsverträge bzw der Gleichbehandlungs-RL als diskriminierend einzustufen sind (dritte und vierte Frage). Zum anderen wollte das LG Innsbruck wissen, ob der in der Rahmenvereinbarung über Teilzeitarbeit normierte Pro-rata-temporis-Grundsatz einer Regelung im L-VBG entgegensteht, nach welcher das Ausmaß offenen Jahresurlaubs bei einer Änderung des Beschäftigungsausmaßes an das neue Beschäftigungsausmaß angepasst wird, sodass ein in der Zeit der Vollzeitbeschäftigung erworbener Urlaubsanspruch beim Wechsel in eine Teilzeitbeschäftigung reduziert wird bzw Teilzeitbeschäftigten dieser Urlaub nur noch mit einem geringeren Urlaubsentgelt zusteht (zweite Frage). Von Interesse ist im Rahmen dieser Untersuchung zum Urlaubsrecht lediglich die Beantwortung der zweiten Vorlagefrage. Hinsichtlich der dritten und vierten Vorlagefrage darf aber an dieser Stelle kurz festgehalten werden, dass der EuGH die gegenständlichen Bestimmungen im L-VBG als diskriminierend bzw nicht mit dem Unionsrecht vereinbar angesehen hat.[203]

---

199 RL 1999/70/EG des Rates vom 28. Juni 1999 zu der EGB-UNICE-CEEP-Rahmenvereinbarung über befristete Arbeitsverträge, ABl L 1999/175, 43.

200 RL 2006/54/EG des Europäischen Parlaments und des Rates vom 5. Juli 2006 zur Verwirklichung des Grundsatzes der Chancengleichheit und Gleichbehandlung von Männern und Frauen in Arbeits- und Beschäftigungsfragen (Neufassung), ABl L 2006/204, 23.

201 EuGH 22.04.2010, C-486/08 (Zentralbetriebsrat der Landeskrankenhäuser Tirols) Rz 1 f.

202 EuGH 22.04.2010, C-486/08 (Zentralbetriebsrat der Landeskrankenhäuser Tirols) Rz 17–20.

203 EuGH 22.04.2010, C-486/08 (Zentralbetriebsrat der Landeskrankenhäuser Tirols) Rz 47, 56. Für die Begründung des EuGH zur dritten Frage siehe Rz 36–46; zur vierten Frage Rz 48–55.

Erwägungen des EuGH:

Basierend auf seinen Feststellungen zum Wesen des Urlaubsanspruchs in der bestehenden Rsp, auf die der EuGH zunächst rekurrierte, schlussfolgerte er für die zweite Vorlagefrage, *„dass die Inanspruchnahme des Jahresurlaubs zu einer späteren Zeit als dem Bezugszeitraum in keiner Beziehung zu der in dieser späteren Zeit vom Arbeitnehmer erbrachten Arbeitszeit steht."*[204] Damit ist auch der in der Rahmenvereinbarung über Teilzeitarbeit normierte Pro-rata-temporis-Grundsatz vereinbar, da dieser nicht nachträglich auf einen bereits erworbenen Anspruch angewandt werden kann. Insgesamt betrachtet darf eine Veränderung der Arbeitszeit von Vollzeit auf Teilzeit einen bereits erworbenen Urlaubsanspruch daher nicht mindern, wenn AN tatsächlich nicht in der Lage waren, ihren erworbenen Urlaubsanspruch noch während der Vollzeitbeschäftigung auszuüben, sodass die gegenständliche, nationale Bestimmung im L-VBG nach Ansicht des EuGH unionsrechtswidrig ist.[205]

Einordnung des Urteils in die Rechtsprechung des EuGH:

Bei dem Urteil in der Rs *Zentralbetriebsrat der Landeskrankenhäuser Tirols* handelte es sich um das erste von drei Urteilen in diesem Spannungsfeld. Die in Frage stehende Regelung des L-VBG in diesem Urteil drückte den Urlaubsanspruch in Arbeitsstunden aus. Davon unterschied sich der Beschluss in der Rs *Brandes*, wo der Urlaubsanspruch in Arbeitstagen ausgedrückt wurde. Basierend auf dieser Unterscheidung führte das Land Niedersachsen in dieser Rs als Rechtfertigung an, dass es trotz Kürzung der Urlaubstage zu keiner Kürzung des kalendarischen Wochenanspruchs komme. Diese Rechtfertigung überzeugte den EuGH jedoch nicht: Dieser versteht unter Urlaub nämlich Zeiten der Freistellung von der Arbeitspflicht, und diese werden bei einer Anpassung der Urlaubstage sehr wohl gekürzt, da diese Zeiten nicht mit Zeiten normaler beruflicher Inaktivität – also Zeiten, in denen ohnehin keine Arbeitspflicht besteht – gleichzusetzen sind. Im Ergebnis bestätigte der EuGH in der Rs *Brandes* daher seine in der Rs *Zentralbetriebsrat der Landeskrankenhäuser Tirols* etablierte Ansicht.[206] Ein weiteres Mal bekräftigte der EuGH seine Ansicht letztlich in der Rs *Greenfield*, in welcher der Urlaubsanspruch in Wochen ausgedrückt wurde. In dieser Entscheidung betonte der EuGH auch für den umgekehrten Fall eines Wechsels von Teilzeit auf Vollzeit, dass es zu keiner nachträglichen Anpassung (hier iS einer Aufwertung) bereits erworbener Urlaubsansprüche kommen muss. Nachdem eine

[204] EuGH 22.04.2010, C-486/08 (Zentralbetriebsrat der Landeskrankenhäuser Tirols) Rz 32.
[205] EuGH 22.04.2010, C-486/08 (Zentralbetriebsrat der Landeskrankenhäuser Tirols) Rz 28–35.
[206] EuGH 13.06.2013, C-415/12 (Brandes) Rz 25–42.

solche Aufwertung für AN aber günstiger ist, ist diese Anpassung unionsrechtlich erlaubt.[207] Zwingend nachzuberechnen ist daher nur der Urlaubsanspruch *„in Bezug auf den Zeitraum, in dem der Arbeitnehmer die Anzahl seiner Arbeitsstunden erhöht hat.“*[208] Aus der Unionsrechtsprechung ergibt sich folglich äußerst klar, dass bereits erworbene Urlaubsansprüche einschließlich des dafür zustehenden Urlaubsentgelts – unabhängig davon, in welcher Zeiteinheit der Urlaubsanspruch ausgedrückt wird – bei einer Änderung des Beschäftigungsausmaßes jedenfalls nicht reduziert werden dürfen, sofern AN ein Verbrauch der Urlaubsansprüche nicht möglich war. Dem Unionsrecht liegt folglich ein freistellungsorientierter Urlaubsbegriff zugrunde.[209] Wenngleich sich der EuGH – soweit ersichtlich – seit der Rs *Greenfield* nicht mehr direkt mit dem Urlaubsanspruch bei Änderung des Beschäftigungsausmaßes auseinandergesetzt hat, hat er doch in seiner Rsp zu Verfall bzw Verjährung des Urlaubsanspruchs konkretisiert, wann AN tatsächlich die Möglichkeit gehabt haben, ihren Urlaubsanspruch zu nehmen.[210] Diese Judikatur ist mE auch für die Beurteilung der (Un-)Zulässigkeit der Aliquotierung bei Änderung des Beschäftigungsausmaßes beachtlich.

Kritische Würdigung:

Im Schrifttum wurde die Entscheidung in der Rs *Zentralbetriebsrat der Landeskrankenhäuser Tirols* weniger kritisiert bzw gelobt, als deren Auswirkungen auf das österreichische und deutsche Urlaubsrecht diskutiert. Für das deutsche Urlaubsrecht nahm *Fieberg* beispielsweise keine Auswirkungen auf die Urlaubsdauer an, aber aufgrund des klaren Wortlauts der Entscheidung Auswirkungen auf das Urlaubsentgelt. Dies, weil der Urlaubsanspruch in Deutschland auf Arbeitstage abstelle und deren Umrechnung (im Gegensatz zu Arbeitsstunden) den Urlaub nicht reduziere, sondern vielmehr iS der Gleichbehandlung dazu führe, dass allen AN unabhängig vom Beschäftigungsausmaß oder eines Wechsels desselben die gleiche Urlaubsdauer zukomme.[211] Dieser Argumentation hat der EuGH aber wenig später in der Rs *Brandes* – wie eben erwähnt – eine klare Absage erteilt.

---

207 EuGH 11.11.2015, C-219/14 (Greenfield) Rz 38 f.

208 EuGH 11.11.2015, C-219/14 (Greenfield) Rz 43.

209 *Auer-Mayer*, Urlaub, in RDB Keywords (2023) Rz 18; *Kietaibl*, Möglichkeiten und Grenzen der Urlaubsbemessung bei Änderung des Beschäftigungsausmaßes de lege lata und de lege ferenda, JRP 2021, 221 (222 f).

210 Für eine ausführliche Auseinandersetzung dazu siehe unten Kapitel 5.1. Unionsrechtsprechung – Kreuziger.

211 *Fieberg*, Urlaubsanspruch bei Übergang in Teilzeit – Neues aus Luxemburg, NZA 2010, 925 (926, 928, 930).

Im Hinblick auf das österreichische UrlG sind zwei Ansichten zu differenzieren: *Balla* – auf der einen Seite – ging ähnlich wie *Fieberg* davon aus, dass sich die EuGH-Entscheidung nicht auf das UrlG auswirkt: Da das Unionsrecht die Bemessung des Urlaubsanspruchs nicht vorgebe, unterscheide sich diese von MS zu MS, wobei dem österreichischen Urlaubsanspruch im UrlG ein kalendarischer Urlaubsbegriff zugrunde läge, aus dem sich das Recht auf Arbeitsfreistellung ableite. Dieser sei vom Beschäftigungsausmaß unabhängig und differenziere sich daher von einem an der Freistellung anknüpfenden Urlaubsbegriff. Aufgrund dieser Differenzierung unterscheide sich auch die Abrechnung des Urlaubs bei Änderung des Beschäftigungsausmaßes in beiden Fällen gravierend voneinander, weswegen die vorliegende Entscheidung keine Auswirkungen auf das UrlG entfalte.[212]

Auf der anderen Seite wurde durchaus angenommen, dass sich die Entscheidung zumindest teilweise auf das UrlG auswirkt bzw auswirken könnte. *Rauch* hielt diesbezüglich fest, dass die Aussagen in der Rs *Zentralbetriebsrat der Landeskrankenhäuser Tirols* auch für das UrlG bedeutend sein könnten,[213] während *Mayr* konkludierte, dass *„die in Österreich herrschende Praxis der Reduzierung des Urlaubsausmaßes bei Umstieg von einer Vollzeit- auf eine Teilzeitbeschäftigung abzustellen"*[214] ist. *Gerhartl* begrüßte die vom EuGH vertretene Aliquotierung nach dem Pro-rata-temporis-Prinzip für das Urlaubsjahr, in welchem die Änderung des Beschäftigungsausmaßes stattfindet, und ging davon aus, dass sich für eine Änderung des täglichen Beschäftigungsausmaßes aus dem EuGH-Urteil ergibt, dass eine Umrechnung in Stunden erforderlich wird. Gleichzeitig ging er aufgrund von § 6 UrlG nicht davon aus, dass das frühere Beschäftigungsausmaß einen Einfluss auf das Urlaubsentgelt hat.[215] Spätestens nach dem Urteil in der Rs *Brandes* wurde im Schrifttum dann mehrheitlich vertreten, dass sich beide Urteile durchaus auf das UrlG auswirken und die österreichische Praxis bei Änderung des Beschäftigungsausmaßes nicht mit den Vorgaben aus den beiden Urteilen vereinbar ist.[216] Anderer Ansicht war nach wie vor *Eypeltauer*, der zudem argumentierte, dass seine Ansicht aufgrund der Aussage des EuGH, wonach eine Minderung des Urlaubsanspruches unzulässig ist, wenn AN tatsächlich nicht

---

212 *Balla*, Urlaubsanspruch bei Reduktion der Arbeitszeit, DRdA 2011, 197 (199 ff).
213 *Rauch*, Urlaub bei Veränderung des Ausmaßes der Arbeitszeit, PV-Info 11/2010, 17 (17).
214 *Mayr*, Keine Reduzierung des Urlaubs bei Umstieg von Vollzeit auf Teilzeit, ÖZPR 2010/66, 68 (68).
215 *Gerhartl*, Aliquotierung des Urlaubsanspruchs bei Teilzeit, taxlex 2011, 150 (151).
216 Siehe zB *Drs*, Urlaubsanspruch bei Wechsel von Teilzeit zu Vollzeit, ZAS 2014/28, 178 (183); *Erler*, Auswirkungen der Veränderung des Beschäftigungsausmaßes auf den Urlaubsanspruch, ASoK 2014, 207 (207); *Klein*, Urlaub bei Wechsel zwischen Vollzeit und Teilzeit - zur Auflösung des Spannungsfeldes zwischen nationaler und europäischer Judikatur auf Basis eines vollständigen Urlaubsbegriffs, DRdA 2014, 398 (398); *Steiner*, Urlaubsanspruch und Beschäftigungsausmaß - Auswirkungen der EuGH-Rechtsprechung auf das UrlG, DRdA 2015, 312 (313 f).

in der Lage waren, Urlaub zu nehmen, nicht zwingend in Widerspruch zur Rsp des EuGH stehe. Von einer solchen Unmöglichkeit könne nämlich wohl erst bei einer die Urlaubsvereinbarung ablehnenden Gerichtsentscheidung ausgegangen werden. Da eine Unmöglichkeit daher im Regelfall nicht vorliegen werde, sei eine Minderung ohnehin erlaubt.[217] Dieser Ansicht kann in Anbetracht der neueren EuGH-Judikatur zu Verfall bzw Verjährung, die – nach hier vertretener Ansicht – auch für die (Un-)Zulässigkeit der Aliquotierung beachtlich ist, nicht mehr gefolgt werden.[218]

Als explizite Kritik an der Entscheidung führte allein *Balla* drei Punkte an: Erstens habe der EuGH nicht auf den Telos der Bestimmung im L-VBG geschaut, welcher auf die Gewährleistung einer faktischen Erholungsdauer gerichtet sei, sodass sich aus diesem für den umgekehrten Fall auch eine Aufwertung der Urlaubsstunden ergäbe.[219] Zweitens sei das Urlaubsbegriffsverständnis des EuGH unklar und unreflektiert, weswegen eine Konkretisierung des europäischen Urlaubsbegriffs noch ausstehe. Drittens kollidiere das Diktum des EuGH bei konsequenter Anwendung mit Art 7 AZ-RL, da sich die faktische Urlaubsdauer im umgekehrten Fall unter dessen Mindestanforderung verkürzen würde.[220]

Wenngleich sich die direkte Kritik zum Urteil in der Rs *Zentralbetriebsrat der Landeskrankenhäuser Tirols* auf diese drei Punkte beschränkte, wird die damit begründete Rechtsprechungslinie des EuGH zur Änderung des Beschäftigungsausmaßes auch heute noch kritisiert. In der Tat hätte nämlich die wochenmäßige Festlegung des Mindesturlaubs in Art 7 AZ-RL (*„einen bezahlten Mindestjahresurlaub von vier Wochen"*) eine Interpretation iS eines kalendarischen Urlaubsbegriffes zugelassen bzw sogar nahegelegt.[221] Dies insbesondere auch, da nach dem sechsten Erwägungsgrund der AZ-RL den Grundsätzen der Internationalen Arbeitsorganisation Rechnung zu tragen ist, wobei der EuGH auch das Übereinkommen 132 über den bezahlten Jahresurlaub zu diesen Grundsätzen zählt und dieses ebenso auf Wochen – nämlich Arbeitswochen – abstellt (Art 3 Übereinkommen 132).[222] Der vom EuGH stattdessen gewählte freistellungsorientierte Urlaubsbegriff wird im Schrifttum hingegen als aus dem Unionsrecht zum Urlaubsanspruch wenig ersichtlich moniert.[223] Unverständlich ist auch, warum der EuGH seine Rsp in der Rs *Brandes* nicht wieder ein wenig gemäßigt hat. Ein Jahr nach der Rs *Zentralbetriebsrat der Landeskran-*

---

217 *Eypeltauer*, Offener Urlaub bei Änderung des Ausmaßes der Arbeitszeit: Neuberechnung?, ecolex 2014, 165 (170).

218 Für eine ausführliche Auseinandersetzung dazu siehe unten Kapitel 5.1. Unionsrechtsprechung – Kreuziger.

219 *Balla*, DRdA 2011, 197 (199, 201).

220 *Balla*, DRdA 2011, 197 (201).

221 So auch *Auer-Mayer*, Unionsrechtliche Auswirkungen auf das Urlaubsrecht, ZAS 2018/3, 12 (14); *Auer-Mayer*, DRdA 2023, 179 (183).

222 Vgl EuGH 20.01.2009, C-350/06 und C-520/06 (Schultz-Hoff ua) Rz 37 f.

223 *Kozak*, Der OGH als Retter des Gesetzgebers, DRdA 2015/24, 190 (197).

kenhäuser Tirols und zwei Jahre vor der Rs *Brandes* hat der EuGH im Bereich Verfall bzw Verjährung nämlich judiziert, dass AG vor der Ansammlung von langen Abwesenheitszeiträumen und den daraus resultierenden Schwierigkeiten für die Arbeitsorganisation zu schützen sind.[224] Durch die Anwendung des freistellungsorientierten Urlaubsbegriffs kommt es bei der Änderung des Beschäftigungsausmaßes nun aber auf ähnliche Weise zu langen Abwesenheitszeiträumen. Ist noch Urlaub offen, können sich die Zeiträume der Abwesenheit aufgrund von Urlaub bei einem Wechsel von Voll- auf Teilzeit nämlich erheblich vervielfachen, was regelmäßig mit Schwierigkeiten in der Arbeitsorganisation einhergehen wird. Es ist folglich nicht nachvollziehbar, warum AG-Interessen in diesem Bereich absolut nicht Rechnung getragen wird. Unbegreiflich – wenngleich konsequent – ist zudem, warum der EuGH die von *Balla* kritisierte Konsequenz in der Rs *Greenfield* tatsächlich hingenommen hat und sich damit abzufinden scheint, dass es bei einer Änderung des Beschäftigungsausmaßes auch dazu kommen kann, dass AN in einem Urlaubsjahr faktisch weniger als vier Wochen Mindesturlaub zusteht. Dies kann nicht damit in Einklang gebracht werden, dass *„der Anspruch jedes Arbeitnehmers auf bezahlten Jahresurlaub als ein besonders wichtiger Grundsatz des Sozialrechts der Gemeinschaft anzusehen* [ist], *von dem nicht abgewichen werden darf.“*[225]

4.2. Österreichische Rechtslage

4.2.1. Allgemeines

Im Gegensatz zu den bisher besprochenen Spannungsfeldern enthält das UrlG keine eigene Regelung, die der Änderung des Beschäftigungsausmaßes gewidmet ist. Wie bei einer Änderung des Beschäftigungsausmaßes zu verfahren ist, ergibt sich stattdessen aus der Lehre und Rsp zu §§ 2 und 6 UrlG – den Bestimmungen zu Urlaubsausmaß und Urlaubsentgelt, die bereits weiter oben als grds in Einklang mit dem Unionsrecht stehend qualifiziert wurden.[226] Dabei stellt das Urlaubsausmaß in § 2 UrlG auch heute noch auf die früher übliche Sechs-Tage-Arbeitswoche ab. Phänomene wie die heute übliche Fünf-Tage-Arbeitswoche oder gar die mögliche Vier-Tage-Arbeitswoche sowie Kurzurlaube, „kurze Freitage“ oder Teilzeitbeschäftigungen hat das UrlG nicht wirklich antizipiert, sodass diese Phänomene vor allem in der Rsp gelöst wurden. Heute entspricht es daher der hM, dass die

224 EuGH 22.11.2011, C-214/10 (KHS) Rz 39.
225 EuGH 26.06.2001, C-173/99 (BECTU) Rz 43.
226 Siehe oben Kapitel 2. Grundlagen zum Jahresurlaub in Österreich.

Werktage bei einem gesetzlich zwar nicht vorgesehenen,[227] aber bei AN-Wunsch zulässigen tageweisen Urlaubsverbrauch in Arbeitstage umzurechnen sind.[228] Bei einer Fünf-Tage-Arbeitswoche stehen daher 25 bzw 30, bei einer Vier-Tage-Arbeitswoche 20 bzw 24 Urlaubstage zu.[229] Vor allem bei unregelmäßiger Verteilung der täglichen Normalarbeitszeit kann unter bestimmten Voraussetzungen auch eine Umrechnung auf Arbeitsstunden zulässig sein.[230] Im Ergebnis ist durch die Umrechnung (in Arbeitstage oder -stunden) sicherzustellen, dass alle AN für die Dauer von fünf bzw sechs Wochen keine Arbeit erbringen müssen – wochenmäßig gesehen handelt es sich also um eine ausmaßneutrale Umrechnung und keine Aliquotierung oder Kürzung des fünf- bzw sechswöchigen Urlaubsanspruchs.[231] Nachdem die 30 bzw 36 Werktage (= fünf bzw sechs Wochen) unabhängig vom Beschäftigungsausmaß gelten, stehen diese allen Beschäftigten zur Gänze zu.[232] Bei Teilzeitbeschäftigten kommt es aber wie bei Vollzeitbeschäftigten zu einer Umstellung auf Arbeitstage, wenn ein tageweiser Urlaubsverbrauch gewünscht wird. Wie viele Urlaubstage zustehen, hängt daher wie bei Vollzeitbeschäftigten davon ab, wie viele Tage in der Woche gearbeitet wird.[233] Hinsichtlich des Urlaubsentgelts stellt § 6 UrlG auf das Ausfallsprinzip ab: Während der Urlaubsdauer Vollzeitbeschäftigte bekommen daher ihr Vollzeitentgelt als Urlaubsentgelt und während der Urlaubsdauer Teilzeitbeschäftigte erhalten ihr Teilzeitentgelt als Urlaubsentgelt.[234]

Für eine Änderung des Beschäftigungsausmaßes ergibt sich aus Vorstehendem Folgendes: Bei einer Berechnung des Urlaubsanspruchs in Werktagen – wie im UrlG vorgesehen – kommt es durch die Änderung des Beschäftigungsausmaßes zu keiner Änderung des Urlaubsanspruchs, nachdem dieser unabhängig vom Beschäftigungsausmaß zusteht.[235] Werden die Urlaubstage aufgrund tageweisen Urlaubsverbrauchs aber in Arbeitstagen berechnet, hängen die Auswirkungen im Hinblick auf die Urlaubstage davon ab, ob mit der Änderung des Beschäftigungsausmaßes auch eine Änderung der Anzahl der Arbeitstage verbunden ist.[236] Ist dies nicht der Fall (zB wenn zuvor 40 und dann 20 Stunden auf fünf Tage verteilt werden), verändert sich die Anzahl der Urlaubstage nicht, das für diese Urlaubs-

227 Anm: § 4 Abs 3 UrlG sieht vor, dass der Urlaub in zwei Teilen verbraucht werden kann, wobei ein Teil mindestens sechs Werktage betragen muss.

228 OGH 24.10.1990, 9 Ob A 172/90; *Cerny*, Urlaubsrecht[10] § 2 Erl 8; *Gerhartl*, Urlaubsrecht § 2 Rz 42a; *Mayr/Erler*, Urlaubsgesetz[3] § 2 Rz 11; *Schrank*, Urlaubsgesetz § 2 Rz 45.

229 *Gerhartl*, Urlaubsrecht § 2 Rz 31.

230 OGH 26.02.2003, 9 Ob A 221/02v; *Gerhartl*, Urlaubsrecht § 2 Rz 61; *Schrank*, Urlaubsgesetz § 2 Rz 45.

231 *Gerhartl*, Urlaubsrecht § 2 Rz 25, 39; *Schrank*, Urlaubsgesetz § 2 Rz 44.

232 OGH 22.07.2014, 9 Ob A 20/14b.

233 *Cerny*, Urlaubsrecht[10] § 2 Erl 8; *Drs*, Urlaubsrecht[11] § 2 Rz 66.

234 *Drs*, Urlaubsrecht[11] § 2 Rz 65.

235 *Drs*, Urlaubsrecht[11] § 2 Rz 74; *Schrank*, Urlaubsgesetz § 2 Rz 41; *Steiner*, DRdA 2015, 312 (312).

236 *Drs*, Urlaubsrecht[11] § 2 Rz 75 f.

tage zustehende Urlaubsentgelt verändert sich aber abhängig von der Änderung des Beschäftigungsausmaßes entweder nach unten oder nach oben. Gleichermaßen verändert sich auch das Urlaubsentgelt, wenn eine Änderung des Beschäftigungsausmaßes eine Änderung der Anzahl der Arbeitstage bewirkt (zB wenn zuvor 40 Stunden auf fünf Tage und dann 20 Stunden auf drei Tage verteilt werden).[237] In diesem Fall ist aber zuvor auch die Anzahl der Urlaubstage in einer Weise anzupassen, die sicherstellt, dass es zu keiner Verkürzung oder Verlängerung der fünf bzw sechs Wochen Urlaub kommt.[238] Nachdem es sich bei solchen Anpassungen um das kalendarische Ausmaß wahrende – also (wochenmäßig gesehen) ausmaßneutrale – Anpassungen handelt, stellen diese in Österreich auch keine unzulässigen Urlaubskürzungen dar.[239] Zu beachten ist in Zusammenhang mit diesen Anpassungen noch, dass Ergebnisse mit Komma nach der hM gerundet werden müssen.[240] Ob immer aufgerundet werden muss oder auch kaufmännisch abgerundet werden darf, ist dabei nicht abschließend geklärt. *Schrank* ist unter Verweis auf die Materialien zu § 10 UrlG der Ansicht, dass gegebenenfalls kaufmännisch abzurunden ist.[241] *Drs* und *Gerhartl* sind hingegen aufgrund des einseitig zwingenden Charakters von § 2 Abs 1 UrlG bzw des Günstigkeitsprinzips richtigerweise der Meinung, dass immer aufzurunden ist.[242]

Wenngleich die Anpassungen, zu welchen es bei einer Änderung des Beschäftigungsausmaßes kommen kann, wochenmäßig gesehen als ausmaßneutral anzusehen sind, können sie im Fall eines Wechsels von Vollzeit zu Teilzeit zu einer Reduzierung bereits erworbener Urlaubstage führen. Vor dem Hintergrund der vorhin angeführten Unionsrechtsprechung erscheint diese Verminderung auf den ersten Blick problematisch. Wie der OGH die österreichische Vorgehensweise als unionsrechtskonform rechtfertigt, gilt es am zu besprechenden OGH-Urteil in der Rs 9 Ob A 20/14b zu zeigen.

4.2.2. Rechtsprechung

Vier Jahre nach der EuGH-Entscheidung in der Rs *Zentralbetriebsrat der Landeskrankenhäuser Tirols* wurde auch der OGH mit einem Rechtsstreit konfrontiert, in welchem die Auswirkungen einer Änderung des Beschäftigungsausmaßes von Voll- auf Teilzeit auf of-

237 *Schrank*, Urlaubsgesetz § 2 Rz 54, § 6 Rz 9.

238 OGH 24.10.2012, 8 Ob A 35/12y; OGH 22.07.2014, 9 Ob A 20/14b; *Drs*, Urlaubsrecht[11] § 2 Rz 77; *Schrank*, Urlaubsgesetz § 2 Rz 41 f.

239 *Schrank*, Urlaubsgesetz § 2 Rz 42.

240 *Drs*, Urlaubsrecht[11] § 2 Rz 75; *Gerhartl*, Urlaubsrecht § 2 Rz 203; *Schrank*, Urlaubsgesetz § 2 Rz 70.

241 *Schrank*, Urlaubsgesetz § 2 Rz 71.

242 *Drs*, Urlaubsrecht[11] § 2 Rz 75; *Gerhartl*, Urlaubsrecht § 2 Rz 203.

fene Urlaubsansprüche – und damit die Bedeutung des EuGH-Urteils für das UrlG – in den Vordergrund gerückt sind.[243]

Zugrundeliegender Sachverhalt:

Im Mittelpunkt der Rs 9 Ob A 20/14b stand eine zwischen einer AG und einem BR abgeschlossene BV, in welcher eine Reduzierung der kollektivvertraglichen Normalarbeitszeit vereinbart wurde. Wie mit offenen Urlaubsansprüchen, die aufgrund des raschen Geltungsbeginns der BV nicht vor diesem verbraucht werden konnten, zu verfahren ist, wurde in der BV nicht geregelt – diese wurden im Anschluss von der AG aliquot auf die reduzierte Arbeitszeit gemindert, sodass für diese Urlaubsansprüche nur noch ein verringertes Urlaubsentgelt zustand. Gegen diese Minderung brachte der BR eine Feststellungsklage ein und ersuchte das Erstgericht, festzustellen, dass diese aliquote Anpassung gegen das Diskriminierungsverbot in § 19d Abs 6 AZG sowie das Unionsrecht verstoße. Die AG – auf der anderen Seite – beantragte unter Hinweis auf den dem UrlG zugrundeliegenden Urlaubsbegriff erfolgreich die Abweisung der Klage. Das Erstgericht führte dazu aus, dass es trotz der Anpassung zu keiner Minderung der Urlaubsdauer kommt und verwies im Hinblick auf das Entgelt auf das in Österreich herrschende Ausfallsprinzip in § 6 UrlG. Das Berufungsgericht änderte die erstgerichtliche Entscheidung ab, indem es der Berufung teilweise Folge leistete: Aus dem Unionsrecht ergäbe sich nämlich, dass die Kürzung des Urlaubsausmaßes in der Tat unzulässig sei, sodass der erste Teil des Feststellungsbegehrens berechtigt wäre. Der zweite Teil des Feststellungsbegehrens sei jedoch nicht berechtigt, da sich das Entgelt auch bei einem Wechsel von Teil- auf Vollzeit oder der Bemessung der Urlaubsersatzleistung nach dem Ausfallsprinzip in § 6 UrlG richte. Gegen diese Entscheidung erhoben sowohl der BR als auch die AG Revision beim OGH und beantragten jeweils die Abweisung der gegnerischen Revision.

Erwägungen des OGH:

Der OGH begann seine Ausführungen zu dieser Rs damit, dass er die EuGH-Urteile in den Rs *Zentralbetriebsrat der Landeskrankenhäuser Tirols* und *Brandes* inklusive der dazu verfassten Beiträge im Schrifttum näher analysierte und sein bestehendes Judikat in der Rs 8 Ob A 35/12y (Wechsel von Teil- auf Vollzeit) samt den diesbezüglichen Resonanzen im Schrifttum kurz darstellte. In dieser Entscheidung hatte der OGH bereits herausgearbeitet, dass dem UrlG ein kalendarischer Urlaubsbegriff zugrunde liegt. Dem UrlG gehe es

[243] OGH 22.07.2014, 9 Ob A 20/14b.

folglich darum, AN einen zusammenhängenden Erholungszeitraum von fünf bzw sechs Wochen einzuräumen. Um diesen Erholungszeitraum trotz Umstellung des Beschäftigungsausmaßes zu erhalten bzw sicherzustellen, könne es bei einem Wechsel von Teil- auf Vollzeit erforderlich werden, die Anzahl nicht verbrauchter Urlaubstage aus Zeiten der Teilzeitbeschäftigung nach oben hin anzupassen. Für diese Urlaubstage stehe dann gem § 10 UrlG eine dem Vollzeitentgelt entsprechende Urlaubsersatzleistung zu, da sich § 10 UrlG nach dem zuletzt bezogenen Entgelt richte.

Diese Entscheidung bestätigte der OGH in der gegenständlichen Rs, indem er seine Begründung zum kalendarischen Urlaubsbegriff noch weiter vertiefte. Dieser leitet sich nämlich eindeutig sowohl aus dem Wortlaut, dem Telos und der Systematik des UrlG als auch aus dessen historischem Hintergrund ab: Nach dem Wortlaut ergibt sich klar, dass das UrlG einen kalendarischen, grds in ganzen Wochen zu verbrauchenden Urlaubsanspruch vorsieht, von dem nur im Rahmen des Günstigkeitsprinzips (§ 12 UrlG) abgewichen werden darf. Teleologisch verkörpert der Urlaubsanspruch nach der Rsp ein höchstpersönliches Recht auf Erholung und dient der Erhaltung der Gesundheit durch eine längere arbeitsfreie Periode. Eine Umstellung auf Arbeitsstunden bzw Arbeitstage könnte nun dazu führen, dass diese Periode bei einem Wechsel von Voll- auf Teilzeit viel länger und bei einem Wechsel von Teil- auf Vollzeit viel kürzer wird, wobei die Verkürzung im zweiten Fall nach Ansicht des OGH vor dem teleologischen Hintergrund nicht intendiert sein kann. Zusätzlich ergibt sich aus der Systematik des UrlG, dass der Urlaubsanspruch unabhängig vom Arbeitsausmaß besteht und spricht auch der historische Hintergrund für diese Schlussfolgerung, als der Gesetzgeber in Reaktion auf das EuGH-Urteil in der Rs *Zentralbetriebsrat der Landeskrankenhäuser Tirols* nur das öffentliche Urlaubsrecht novelliert hat, welches im Hinblick auf das Urlaubsausmaß explizit auf Arbeitsstunden abgestellt hatte. Nach Auffassung des OGH handelt es sich dabei auch um kein Versehen, als eine Umstellung auf Arbeitsstunden oder -tage im UrlG umfassende Begleitregelungen erfordert hätte, die es aber nicht gibt.

Ausgehend davon, dass in beiden EuGH-Urteilen der Urlaubsanspruch nicht kalendarisch festgelegt war, sondern auf Arbeitsstunden bzw Arbeitstage abgestellt wurde und dem österreichischen Urlaubssystem ein kalendarischer Urlaubsbegriff zugrunde liegt, kam der OGH zu dem Zwischenergebnis, dass sich der österreichische Urlaubsbegriff vom unionsrechtlichen Urlaubsbegriff unterscheidet, wobei ungeklärt sei, inwieweit die Begriffe miteinander vereinbar sind. Nach Ansicht des OGH kann eine Unzulässigkeit des kalendarischen Urlaubsbegriffes aus den beiden EuGH-Urteilen jedoch nicht abgeleitet werden – iS der beiden Entscheidungen ist aber zu prüfen, ob der kalendarische Urlaubsbegriff wie die auf Arbeitsstunden bzw -tage abstellenden Urlaubsbegriffe zu einer verbotenen Benachteiligung von Teilzeitbeschäftigten führt. Eine solche national als auch unionsrechtlich verbotene Benachteiligung war für den OGH jedoch nicht erkennbar. Begründend führte er dazu aus, dass die Freistellung von der Arbeitsleistung zu Erholungszwecken den entscheidenden Wert in einem kalendarischen Urlaubssystem darstellt, während die Entgeltfortzahlung nur eine Begleiterscheinung ist, sodass kein entgeltbezogenes Verständnis zugrunde zu legen ist, wobei selbst bei einer Zugrundelegung dieses Verständnisses keine Anhaltspunkte für eine Benachteiligung gegeben sind. Basierend auf dem klaren Wortlaut, der Systematik und dem Telos des UrlG und dem sekundären Hinweis, dass das österreichische Urlaubssystem im Regelfall günstiger und damit unionsrechtlich zulässig ist, hat der OGH von der Einholung einer Vorabentscheidung abgesehen.

Im Ergebnis hat er dann festgehalten, dass das erste Feststellungsbegehren des BR berechtigt ist, nachdem eine Herabsetzung der Arbeitszeit AG jedenfalls nicht berechtigt, den fünf- bzw sechswöchigen Urlaubsanspruch zu reduzieren. Dem zweiten Feststellungsbegehren des BR versagte der OGH hingegen den Erfolg, indem er auf § 6 UrlG verwies, aus welchem sich klar ergibt, dass entsprechend dem Ausfallsprinzip gerade nicht auf ein früher bezogenes Entgelt abzustellen ist.

Kritische Würdigung:

Wie bereits erwähnt, bestätigte der OGH mit dieser Entscheidung sein Urteil in der Rs 8 Ob A 35/12y. Sie steht daher in Einklang mit der bisherigen OGH-Rsp. Diese beiden Urteile bekräftige der OGH auch wenig später noch einmal in der Rs 8 Ob A 80/14v[244]. Im Schrifttum haben sich schon hinsichtlich seiner ersten Entscheidung die Meinungen gespalten.[245] Für das Urteil in der Rs 9 Ob A 20/14b gestaltete sich das Bild noch kritischer: Wenngleich Begründung und Analyse des OGH als vorbildlich zu loben sind – der OGH stellt an den Beginn seiner rechtlichen Beurteilung sogar ein Inhaltsverzeichnis –, hat die vertiefte Argumentation des kalendarischen Urlaubsbegriffes mit Blick auf den Beschluss in der Rs *Brandes* im Schrifttum nicht mehr überzeugt:

Der erste Kritikpunkt, der von vielen Seiten vertreten wird, betrifft die vom OGH behauptete Nichtanwendbarkeit der EuGH-Urteile auf das österreichische Urlausbrecht. Zwar wird im Schrifttum nicht verkannt, dass die EuGH-Rsp zu kritisieren ist, aber dennoch richtig geschlussfolgert, dass sich aus der Unionsrechtsprechung nun einmal ergibt, dass eine Aliquotierung unzulässig ist.[246] Basierend auf der Tatsache, dass der EuGH dem

---

244 OGH 19.12.2014, 8 Ob A 80/14v.

245 Zustimmend *Gruber*, Urlaub bei Änderung der Zahl der Arbeitstage, ecolex 2013, 261 (261); *Schrank*, OGH: Wichtige Klärung zum Urlaubsausmaß, ZAS 2013/24, 149 (149). Kritisch *Gerhartl*, Urlaubsanspruch bei Wechsel von Teil- auf Vollzeit, DRdA 2013/34, 337 (342); *Kohlbacher*, Urlaubsanspruch: Wechsel von Teilzeit- zu Vollzeitarbeit, EvBl 2013/50, 359 (362 f).

246 Siehe zB *Auer-Mayer*, ZAS 2018/3, 12 (14); *Auer-Mayer*, ZAS 2020/22, 126 (129); *Auer-Mayer*, DRdA 2023, 179 (183); *Kietaibl*, JRP 2021, 221 (225 f).

Argument des Gleichbleibens des kalendarischen Erholungszeitraums in der Rs *Brandes* explizit eine Absage erteilt hat, verändert daher die österreichische Bemessung in Werktagen für *Auer-Mayer* nichts an der Übertragbarkeit der EuGH-Judikatur auf das österreichische UrlG.[247] Auch für *Gerhartl* kommt der EuGH-Rsp in Österreich Bedeutung zu – er begründet dies aber mit der Geschichte des VBG, aus welcher sich ergibt, dass sich aus einem bestimmten Urlaubsbegriff nicht zwingend eine bestimmte Berechnungsmethode ergibt.[248] Darüber hinaus kommt auch *Kozak* basierend auf einem Vergleich der deutschen mit der österreichischen Rechtslage zu dem Ergebnis, dass die Grundsätze des EuGH durchaus auch in Österreich anwendbar sind.[249]

Der zweite Kritikpunkt, der ebenso von vielen Seiten vertreten wird, bezieht sich auf die vom OGH postulierte Günstigkeit der österreichischen Rechtslage. Nach *Auer-Mayer* ist nämlich allein die über die AZ-RL hinausgehende Mindesturlaubsdauer von fünf bzw sechs Wochen nicht dazu geeignet, zu belegen, dass das österreichische Recht auch für den Fall der Reduktion des Beschäftigungsausmaßes und der damit einhergehenden Reduktion offener Urlaubstage günstiger ist.[250]Auch für *Kozak* kann aus der Berufung auf die Günstigkeit des nationalen Urlaubsrechts *„kein die nationale Interpretation erhaltendes Argument gewonnen werden"*[251], weil der EuGH im Hinblick auf die Änderung des Beschäftigungsausmaßes selbst ein Mindestniveau vorgibt, an welches sich die MS zu halten haben. Dem ist mit Blick auf die EuGH-Rsp zuzustimmen, wonach günstigere Regelungen nicht dazu dienen dürfen, eine Beeinträchtigung der unionsrechtlich gewährleisteten Mindeststandards zu kompensieren.[252]

Darüber hinaus werden auch die Begründungen des OGH hinsichtlich des Urlaubsbegriffs sowie der Diskriminierung kritisiert. *Kozak* verortet Schwächen der Argumentation des OGH für das Vorliegen mehrerer Arbeitsverhältnisse, da in diesem Fall keinesfalls sichergestellt ist, dass AN tatsächlich über einen zusammenhängenden Erholungszeitraum von fünf bzw sechs Wochen verfügen. Darüber hinaus ist er der Ansicht, dass der Urlaubsbegriff in Österreich bereits aufgrund der im Hinblick auf die Teilzeitbeschäftigung erforderlichen Rechtsfortbildung verändert wurde.[253] Nach *Steiner* mangelt es dem Argument des kalendarischen Urlaubsbegriffs an Stichhaltigkeit: Würde man nämlich auf die Wir-

247 *Auer-Mayer*, ZAS 2018/3, 12 (14); *Auer-Mayer*, ZAS 2020/22, 126 (129); *Auer-Mayer*, DRdA 2023, 179 (183).

248 *Gerhartl*, Auswirkungen von Arbeitszeitreduktion auf den Urlaubsanspruch, ZAS 2015/13, 76 (85 f).

249 *Kozak*, DRdA 2015/24, 190 (196).

250 *Auer-Mayer*, ZAS 2018/3, 12 (14); *Auer-Mayer*, ZAS 2020/22, 126 (129); *Auer-Mayer*, DRdA 2023, 179 (183).

251 *Kozak*, DRdA 2015/24, 190 (198).

252 EuGH 19.11.2019, C-609/17 und C-610/17 (TSN und AKT) Rz 35.

253 *Kozak*, DRdA 2015/24, 190 (195 f).

kung des gesamten Regelungskomplexes abstellen, entspreche das L-VBG (Rs *Zentralbetriebsrat der Landeskrankenhäuser Tirols*) exakt dem UrlG. Für ihn liegt der einzige Unterschied des Systems im UrlG daher in dessen Regelungstechnik – dieses erfordere nämlich nicht explizit eine nachträgliche Aliquotierung, sondern stelle auf den Begriff des „Werktages“ ab, welchem die Aliquotierung bereits immanent sei. Im Ergebnis geht *Steiner* nicht davon aus, dass der EuGH aufgrund dieses marginalen Unterschieds zu einem anderen Ergebnis kommen würde.[254] Ferner stimmt auch *Gerhartl* dem OGH im Hinblick auf den kalendarischen Urlaubsbegriff nicht zur Gänze zu. In dem praktisch sehr relevanten Fall, dass AN einen Urlaubsverbrauch in kleineren Einheiten als Wochen wünschen, sei der Urlaubsbegriff nämlich durchaus abhängig vom Beschäftigungsausmaß. Darüber hinaus sei das unionsrechtliche Diskriminierungsverbot nicht nur auf Entgeltansprüche beschränkt, sondern verbiete Benachteiligungen hinsichtlich aller Beschäftigungsbedingungen. *Gerhartl* ist folglich der Ansicht, dass der EuGH die Frage, ob eine Diskriminierung vorliegt, beim Wechsel von Voll- auf Teilzeit bejahen würde.[255]

Gespalten sind die Meinungen im Schrifttum, was die Behauptungen des OGH zur richtlinienkonformen Auslegung und zum Urlaubsentgelt angeht. Auf der einen Seite stimmen *Steiner* und *Kuras* bzgl der Unmöglichkeit der richtlinienkonformen Interpretation dem OGH zu.[256] Für *Auer-Mayer*, *Erler*, *Kietaibl* und *Klein* kommt auf der anderen Seite eine richtlinienkonforme Interpretation durchaus in Betracht.[257] Auch *Kozak* ist der Ansicht, dass eine richtlinienkonforme Auslegung des UrlG – entgegen der Meinung des OGH – möglich und folglich auch notwendig ist. Ausgenommen davon sei das Ausfallsprinzips, welches aber im Fall einer Reduktion des Beschäftigungsausmaßes nicht zur Anwendung kommen dürfe.[258] Neben *Kozak* sieht auch *Auer-Mayer* die Anwendung des Ausfallsprinzips kritisch.[259] *Gerhartl* hingegen sieht die Berechnung des Urlaubsentgelts wie der OGH.[260]

Ein weiterer Kritikpunkt, der in den Ausführungen im Schrifttum – soweit ersichtlich – fehlt, betrifft die Entscheidung des OGH, die gegenständliche Rs nicht vorzulegen. Das von ihm vorgebrachte Argument der Günstigkeit kann dabei – wie eben erwähnt – nicht überzeugen. Aber auch das Argument, dass das UrlG sehr klar ist, ändert nichts an seiner

254 *Steiner*, DRdA 2015, 312 (314).

255 *Gerhartl*, ZAS 2015/13, 76 (85 ff).

256 *Kuras*, Vorlagepflicht und Sinnhaftigkeit von Vorlagen, in Kozak (Hg), EuGH und Arbeitsrecht (2015) 1 (25 f); *Steiner*, DRdA 2015, 312 (314 f).

257 *Auer-Mayer*, ZAS 2018/3, 12 (15); *Auer-Mayer*, DRdA 2023, 179 (183); *Erler*, ASoK 2014, 207 (210 f); *Kietaibl*, JRP 2021, 221 (226); *Klein*, DRdA 2014, 398 (401 f).

258 *Kozak*, DRdA 2015/24, 190 (197 ff).

259 *Auer-Mayer*, ZAS 2018/3, 12 (14 f); *Auer-Mayer*, ZAS 2020/22, 126 (129); *Auer-Mayer*, DRdA 2023, 179 (185 f).

260 *Gerhartl*, Urlaub, Beschäftigungsausmaß und Normalarbeitszeit, ASoK 2014, 410 (410).

Vorlageverpflichtung. Die CILFIT-Kriterien verlangen gerade nicht, dass die nationale Rechtslage klar sein muss, sondern dass die Unionsrechtslage klar sein muss. *Kohlbacher* hat lange vor dieser OGH-Entscheidung daher richtigerweise darauf hingewiesen, dass beim Wechsel von Voll- auf Teilzeit mangels *acte clair „wohl ein Vorabentscheidungsverfahren eingeleitet werden“*[261] müsste. Noch deutlicher wird diese Notwendigkeit, wenn der OGH selbst von sich gibt, dass ungeklärt ist *„inwieweit der unionsrechtliche Urlaubsbegriff* [...] *tatsächlich der Entstehung eines kalendarisch bestimmten Urlaubsanspruchs entgegensteht“*[262].

Zusammenfassend ist *Kietaibl* und *Drs* darin zuzustimmen, dass der OGH in diesem Urteil in kaum rechtfertigbarer bzw begründbarer Weise diametral von der Unionsrechtsprechung abgewichen ist.[263] Damit beeinträchtigt der OGH – entgegen der Ansicht von *Schrank* (*„das* [...] *strikte und damit rechtssicher verlässliche Festhalten des OGH an dem von ihm herausgearbeiteten kalendarischen Urlaubssystem des geltenden UrlG“*[264]) – die Rechtssicherheit.

4.3. Gegenüberstellung und unionsrechtliche Beurteilung

Aus den Ausführungen zur Unionsrechtsprechung kann für das Unionsrecht abgeleitet werden, dass bereits erworbene Urlaubsansprüche inklusive des hierfür zustehenden Voll- oder Teilzeiturlaubsentgelts – unabhängig davon, in welcher Zeiteinheit der Urlaubsanspruch ausgedrückt wird – bei einer Reduktion des Beschäftigungsausmaßes nicht gekürzt werden dürfen, bei einer Erhöhung des Beschäftigungsausmaßes dafür aber auch nicht zwingend gesteigert werden müssen. Dieses Aliquotierungsverbot greift allerdings nur, wenn es AN vor Änderung des Beschäftigungsausmaßes nicht möglich war, ihren Urlaubsanspruch zu konsumieren. Diese (Un-)Möglichkeit des Urlaubskonsums ist dabei anhand der gleich zu besprechenden EuGH-Judikatur zu Verfall bzw Verjährung des Urlaubsanspruchs zu beurteilen.[265]

In Österreich hingegen werden – der gängigen Praxis entsprechend – Urlaubstage bei einer Änderung des Beschäftigungsausmaßes, die auch mit einer Änderung der Anzahl der

261 *Kohlbacher*, EvBl 2013/50, 359 (363).

262 OGH 22.07.2014, 9 Ob A 20/14b.

263 *Drs*, Urlaubsrecht[11] § 2 Rz 80; *Kietaibl*, Urlaubsverjährung und unionsrechtliche „Urlaubsfürsorgepflicht“ des AG, JAS 2022, 42 (46); *Kietaibl*, Urlaubsverjährung bei Scheinselbständigkeit, ZAS 2021/15, 83 (86).

264 *Schrank*, Ausgewähltes Judikatur-Update 2015, ZAS 2016/22, 114 (121).

265 Für eine ausführliche Auseinandersetzung dazu siehe unten Kapitel 5.1. Unionsrechtsprechung – Kreuziger.

Arbeitstage einhergeht, nach unten oder oben hin angepasst, um in allen Fällen genau einen fünf- bzw sechswöchigen Urlaubsanspruch sicherzustellen. Wochenmäßig gesehen handelt es sich dabei um eine ausmaßneutrale, das kalendarische Ausmaß wahrende Anpassung. Verändert sich die Anzahl der Arbeitstage durch die Änderung des Beschäftigungsausmaßes nicht, kommt es (der kalendarischen Perspektive entsprechend) zu keiner Anpassung. Das Urlaubsentgelt richtet sich in beiden Konstellationen nach dem fiktiven Ausfallsprinzip. Es kommt daher auf das Entgelt während der Inanspruchnahme an; das vor Urlaubsantritt bezogene Entgelt ist unbeachtlich. Dieser Praxis hat der EuGH sowohl mit Blick auf die Anpassung der Urlaubstage als auch das Urlaubsentgelt spätestens in den Rs *Brandes* und *Greenfield* klar eine Absage erteilt. Der OGH beharrt dennoch wenig überzeugend auf der österreichischen Praxis.

Die österreichische Rechtslage steht im Ergebnis aufgrund der unionsrechtswidrigen Auslegung derselben durch den OGH in Widerspruch zum Unionsrecht. Inwieweit die österreichische Praxis tatsächlich in Widerspruch zum Unionsrecht steht, kann mangels weiterer Konkretisierungen zum unionsrechtlichen Urlaubsbegriff durch den EuGH noch nicht abschließend beurteilt werden. Unklar ist beispielsweise noch, ob es dem EuGH nur darum geht, dass die Anzahl der Zeiteinheit, in welcher das Urlaubsausmaß ausgedrückt wird, nicht reduziert werden darf oder ob auch die „Wertigkeit" dieser Zeiteinheit nicht vermindert werden darf. Für Österreich ist dies insofern relevant, als bei einer Änderung des Beschäftigungsausmaßes ohne Änderung der Anzahl der Arbeitstage die Urlaubstage nicht angepasst werden. Genau genommen wäre in diesem Fall aber ein erworbener Vollzeit-Urlaubstag nur noch einen Teilzeit-Urlaubstag wert. Kritisch sehen diese Konsequenz *Auer-Mayer* und *Gerhartl*. Beide gehen davon aus, dass es auf die Wertigkeit ankommt und damit eine Umrechnung des Urlaubsausmaßes in Stunden notwendig wird.[266] Dem ist nicht ganz zu folgen: Ohne Umrechnung in Stunden wäre es für die Sicherstellung der gleichbleibenden Wertigkeit des Urlaubsanspruchs aber ansonsten erforderlich, die Urlaubstage zu erhöhen, was mathematisch komplizierter wäre. Einfacher ist daher die Umrechnung in Stunden, da ein Stundenausmaß nicht angepasst werden müsste – in einem Stundenausmaß kommen nämlich Anzahl und Wertigkeit gleichermaßen zum Ausdruck. Bleibt man hingegen bei einer Bemessung in Tagen und käme es nicht primär auf die Wertigkeit an, würde sich darüber hinaus die Frage stellen, ob die EuGH-Rsp auch bei reinen Änderungen der Lage der Normalarbeitszeit zu beachten ist. Wird beispielsweise von einer Vollzeit-Fünf-Tage-Arbeitswoche auf eine Vollzeit-Vier-Tage-Arbeitswoche gewechselt, stellt sich die Frage, ob eine Anpassung der Urlaubstage nach unten auch in diesem Fall unzulässig sein könnte. Dies wäre insofern nicht abwegig, als der EuGH

---

266 *Auer-Mayer*, ZAS 2018/3, 12 (14); *Auer-Mayer*, DRdA 2023, 179 (183); *Gerhartl*, taxlex 2011, 150 (151).

seine Begründung neben der Diskriminierung von Teilzeitbeschäftigten – die hier klarerweise nicht gegeben wäre – auch direkt auf die AZ-RL gestützt hat.[267] Bei einer Bemessung in Stunden ergäbe sich diese Fragestellung freilich nicht.

Wenngleich noch nicht zur Gänze abgesteckt ist, wie unionsrechtswidrig die österreichische Praxis bei Änderung des Beschäftigungsausmaßes ist, ist doch klar, dass die – wenngleich das kalendarische Ausmaß wahrende – Verminderung der Urlaubstage bei einer Änderung des Beschäftigungsausmaßes, mit der auch eine Änderung der Anzahl der Arbeitstage einhergeht, jedenfalls mit dem Unionsrecht unvereinbar ist.[268] Dem Unionsrecht widerspricht in diesem Fall auch, dass aufgrund des § 6 UrlG für die verminderten Urlaubstage nur noch ein geringeres Entgelt zusteht. Mit Blick auf § 6 UrlG gleichermaßen unionsrechtswidrig ist es, wenn mit der Änderung des Beschäftigungsausmaßes zwar keine Änderung der Anzahl der Arbeitstage und damit keine Verminderung der Urlaubstage einhergeht, aber aufgrund der Änderung des Beschäftigungsausmaßes nur noch ein geringeres Urlaubsentgelt zusteht. Für diese Fallkonstellationen ist die österreichische Rechtslage daher zweifelsohne anzupassen.[269] Da sich die österreichische Praxis bei der Änderung des Beschäftigungsausmaßes aus Lehre und Rsp entwickelt hat, würde es grds ausreichen, wenn der OGH seine Rsp – und dadurch die Vorgangsweise in der Praxis – an die EuGH-Rsp anpassen würde, indem er die österreichische Rechtslage unionsrechtskonform auslegt und § 6 UrlG gegebenenfalls unangewendet lässt (siehe dazu gleich). Mehr Rechtsklarheit und -sicherheit würde aber eine (idealerweise in einem eigenen Paragrafen normierte) Gesetzesbestimmung bieten, welche die Vorgangsweise bei Änderung des Beschäftigungsausmaßes umfassend und unionsrechtskonform regelt. Wie eine solche Anpassung genau aussehen könnte, wurde im Schrifttum schon diskutiert.

Grundlegend wird dabei darauf hingewiesen, dass die Urlaubsbemessung auf Arbeitsstunden umgestellt werden soll.[270] Die Bemessung in Arbeitsstunden sei praxistauglicher und mit Blick auf Fälle unregelmäßig verteilter Normalarbeitszeit adäquater.[271] Mit einer solchen Bemessung wären Antworten auf die eben angeführten offenen Fragen auch nicht zwingend notwendig und könnte eine mögliche weitere Unionsrechtswidrigkeit dahingehend vermieden werden.[272] Ausgehend von der Bemessung in Stunden schlägt *Kietaibl*

267 EuGH 22.04.2010, C-486/08 (Zentralbetriebsrat der Landeskrankenhäuser Tirols) Rz 32.
268 *Auer-Mayer*, ZAS 2018/3, 12 (20); *Auer-Mayer*, DRdA 2023, 179 (183); *Erler*, ASoK 2014, 207 (210 f).
269 *Kietaibl*, JRP 2021, 221 (227); *Kozak*, DRdA 2015/24, 190 (199); *Steiner*, DRdA 2015, 312 (315).
270 *Auer-Mayer*, DRdA 2023, 179 (189); *Kietaibl*, JRP 2021, 221 (227).
271 *Gerhartl*, ZAS 2015/13, 76 (84); *Kietaibl*, JRP 2021, 221 (227).
272 Vgl *Kietaibl*, JRP 2021, 221 (227 f).

zwei mögliche Urlaubsmodelle de lege ferenda vor. Zum einen könnte das (inzwischen[273]) unionsrechtskonforme Urlaubsmodell des öffentlichen Diensts in das UrlG übernommen werden. Nach diesem bliebe die Anzahl offener Urlaubsstunden iS der Rsp des EuGH exakt gleich, wodurch sich aber der kalendarische Urlaubszeitraum verändern würde. Fände beispielsweise ein Wechsel von Voll- auf Teilzeit (40 auf 20 Stunden) statt und wären noch 40 Urlaubsstunden, für die ein Urlaubsentgelt in der Höhe von 100 zusteht, offen, würde dieser offene Urlaubsanspruch in der Teilzeitphase eine durchgehende Freizeit von zwei Wochen verschaffen (im Gegensatz zu einer Woche in der Vollzeitphase).[274] Das Urlaubsentgelt in der Höhe von 100 würde sich entsprechend nicht nur über eine Woche wie in der Vollzeitphase, sondern über diese zwei Wochen verteilen und sich dadurch gewissermaßen „halbieren". Damit würde das Urlaubsentgelt idR etwa dem Teilzeitentgelt entsprechen. In diesem Modell könnte der grds unionsrechtskonforme[275] § 6 UrlG folglich unverändert bestehen bleiben.

Zum anderen könnte man nach Ansicht *Kietaibls* auch ein „Entgeltmodell" in Erwägung ziehen, bei welchem die verbleibenden Urlaubstage oder -stunden zwar auf- und abgewertet werden, sodass der kalendarische Urlaubszeitraum jeweils unverändert bleibt, gleichzeitig aber das Urlaubsentgelt iS des EuGH berechnet wird. Übertragt man dieses Modell auf das Beispiel oben, würden die 40 offenen Urlaubsstunden (entsprechend der Änderung des Beschäftigungsausmaßes) auf 20 offene Urlaubsstunden abgewertet werden. Für diese offenen 20 Urlaubsstunden stünde aber das Urlaubsentgelt in der Höhe von 100 unverändert zu.[276] Das Urlaubsentgelt wäre in diesem Fall etwa doppelt so hoch wie das normalerweise bezogene Teilzeitentgelt. Der Anwendungsbereich von § 6 UrlG müsste daher jedenfalls eingeschränkt werden und dürfte in diesem Fall nicht zur Anwendung kommen. Die Unionsrechtskonformität eines solchen Urlaubsmodells erscheint für *Kietaibl* gut vertretbar. Dieses entspreche sogar besser der AZ-RL, da die Lage des oder der AN in diesem Modell exakt gleich sei, wie wenn der offene Urlaub in der Vollzeitphase konsumiert würde (= eine Woche Freizeit mit Vollzeitgehalt).[277] Dem kann jedoch nicht blind gefolgt werden: Zwar ist dem Tenor in der Rs *Zentralbetriebsrat der Landeskrankenhäuser Tirols* noch ein „oder" zu entnehmen,[278] in der Folgeentscheidung in der Rs *Brandes* hat der EuGH aber relativ klar judiziert, dass eine Verminderung des erworbenen Ur-

273 Anm: Das Urlaubsrecht im öffentlichen Dienst wurde nach dem Urteil in der Rs *Zentralbetriebsrat der Landeskrankenhäuser Tirols* primär durch die Novelle BGBl I 120/2012 an die EuGH-Rsp angepasst.

274 Vgl *Kietaibl*, JRP 2021, 221 (227 f).

275 Siehe oben Kapitel 2. Grundlagen zum Jahresurlaub in Österreich.

276 Vgl *Kietaibl*, JRP 2021, 221 (228 f).

277 *Kietaibl*, JRP 2021, 221 (228 f). Ähnlich auch *Erler*, Auswirkungen der Veränderung des Beschäftigungsausmaßes auf den Urlaubsanspruch bei Vertragsbediensteten, ÖZPR 2014/88, 132 (133).

278 EuGH 22.04.2010, C-486/08 (Zentralbetriebsrat der Landeskrankenhäuser Tirols) Rz 35.

laubsausmaßes nicht zulässig ist, wobei er auf das Urlaubsentgelt mit keinem Wort eingegangen ist.[279] Es ist daher eher anzunehmen, dass nach dem Unionsrecht weder eine Kürzung der erworbenen Urlaubstage, -stunden oder -wochen noch eine Kürzung des Urlaubsentgelts zulässig ist. Wenngleich das Entgeltmodell einem hypothetischen Konsum in der Vollzeitphase mehr entspricht, kommt es in diesem Modell zu einer unzulässigen Kürzung der Urlaubsstunden. Das Entgeltmodell kann daher in dieser Form nicht unionsrechtskonform sein.[280]

Soll gleichzeitig sichergestellt werden, dass es weder zu langen Abwesenheitszeiträumen (wie beim freistellungsorientierten Modell) noch zu einer unzulässigen Kürzung der Urlaubstage (wie beim Entgeltmodell) kommt, könnte ein modifiziertes Entgeltmodell eine mögliche Lösung darstellen. Die Modifikation müsste dabei in einer gesetzlichen Regelung liegen, nach welcher beim Verbrauch von Urlaubsansprüchen aus einem früheren Beschäftigungsausmaß das aktuelle Beschäftigungsausmaß in diesem Zeitraum ex lege auf das frühere Beschäftigungsausmaß erhöht wird. Gilt für den Urlaubszeitraum wieder das frühere Beschäftigungsausmaß, kommt es weder zu einer Verlängerung der Abwesenheitszeiträume noch zu einer Verkürzung des Urlaubsentgelts. § 6 UrlG könnte in diesem Modell unverändert bestehen bleiben. Freilich kann nicht ausgeschlossen werden, dass der EuGH in einem solchen Modell nicht eine Umgehung seiner Rsp sowie möglicherweise eine Diskriminierung sehen würde. Will man aus unionsrechtlicher Perspektive kein Risiko eingehen, ist das UrlG daher an das freistellungsorientierte Urlaubsmodell anzupassen. Ansonsten könnte man es – bis zu einer gegenteiligen Entscheidung des EuGH – wohl mit dem modifizierten Urlaubsmodell versuchen.

Es stellt sich an dieser Stelle nun wieder die Frage, wie aktuell bei einer Änderung des Beschäftigungsausmaßes vorzugehen ist. Primär ist daher wieder zu prüfen, ob die österreichische Rechtslage richtlinienkonform interpretiert werden kann. Die Verpflichtung zur richtlinienkonformen Interpretation umfasst dabei auch eine Verpflichtung der nationalen Gerichte, *„eine gefestigte Rechtsprechung gegebenenfalls abzuändern, wenn sie auf einer Auslegung des nationalen Rechts beruht, die mit den Zielen einer Richtlinie nicht vereinbar ist.“*[281] Da im Schrifttum die Möglichkeit der richtlinienkonformen Interpretation der österreichischen Rechtslage mehrheitlich bejaht wird,[282] ist grds davon auszugehen, dass der OGH verpflichtet ist, seine Rsp unionsrechtskonform abzuändern. Konkret bedeutet dies, dass der OGH § 2 UrlG nicht mehr iS einer Kürzung der Urlaubstage auslegen dürfte. Die Anwendung von § 6 UrlG wäre in der Folge dann unionsrechtskonform, wenn es bei

279 EuGH 13.06.2013, C-415/12 (Brandes) Rz 42.
280 So auch *Auer-Mayer*, DRdA 2023, 179 (189).
281 EuGH 19.04.2016, C-441/14 (Dansk Industri) Rz 33. Vgl auch EuGH 13.07.2000, C 456/98 (Centrosteel) Rz 17.
282 Siehe oben Fn 257 und 258.

Änderung des Beschäftigungsausmaßes zu einer Änderung der Anzahl der Arbeitstage kommt. Kommt es hingegen zu keiner Änderung der Anzahl der Arbeitstage, wäre § 6 UrlG jedenfalls unangewendet zu lassen. Da § 2 UrlG keine Anhaltspunkte für eine Differenzierung zwischen unionsrechtlich determiniertem und zusätzlichem nationalen Teil des Urlaubsanspruchs entnommen werden können, lässt sich eine Anwendung der unionsrechtlichen Vorgaben auf nur einen Teil des Anspruchs anhand der zulässigen Auslegungsmethoden idR nicht begründen. Das in Folge richtlinienkonformer Interpretation erzielte Auslegungsergebnis ist daher für den vollen Urlaubsanspruch maßgeblich.[283] Möchte der OGH allerdings auf dem wenig überzeugenden Standpunkt verharren, dass eine richtlinienkonforme Interpretation des UrlG insgesamt nicht möglich sei, bleibt es dennoch nicht bei der österreichischen Praxis im Zusammenhang mit der Änderung des Beschäftigungsausmaßes. In diesem Fall käme es – wie beim ersten Spannungsfeld – zum Anwendungsvorrang des Unionsrechts und das UrlG hätte beim Wechsel von Voll- auf Teilzeit unangewendet zu bleiben.[284] Da in die Unionsrechtslage zur Änderung des Beschäftigungsausmaßes nicht nur die AZ-RL, sondern auch das Diskriminierungsverbot einfließt, käme der Anwendungsvorrang – im Gegensatz zum ersten Spannungsfeld – auch hinsichtlich der fünften und gegebenenfalls sechsten Urlaubswoche zum Tragen.[285] Beim Wechsel von Voll- auf Teilzeit hätte das UrlG daher zur Gänze unangewendet zu bleiben.

5. Jahresurlaub und Verjährung beziehungsweise Verfall

5.1. Unionsrechtsprechung – Kreuziger

Das EuGH-Urteil in der Rs *Kreuziger* ist auf ein Vorabentscheidungsersuchen des deutschen Oberverwaltungsgerichts Berlin-Brandenburg zurückzuführen. Dieses wurde mit einem Rechtsstreit zwischen Herrn Kreuziger und dem Land Berlin befasst, in dessen Zentrum die Weigerung der Zahlung einer finanziellen Vergütung für den bei Beendigung des

[283] Vgl BAG 20.12.2022, 9 AZR 266/20 mwN; *Auer-Mayer*, DRdA 2023, 179 (181 f); *Gallner* in Franzen/Gallner/Oetker (Hg), Kommentar zum europäischen Arbeitsrecht[5] (2024) RL 2003/88/EG Art 7 Jahresurlaub Rz 5.

[284] Anm: Beim Wechsel von Teil- auf Vollzeit bliebe es hingegen bei der Aufwertung nach der OGH-Rsp (*Kietaibl*, JRP 2021, 221 (227)).

[285] *Auer-Mayer*, DRdA 2023, 179 (183); *Erler*, ASoK 2014, 207 (214); *Kietaibl*, JRP 2021, 221 (225).

Arbeitsverhältnisses noch offenen bezahlten Jahresurlaub gestanden ist, was Fragen betreffend die Auslegung von Art 7 AZ-RL aufgeworfen hat.[286]

Zugrundeliegender Sachverhalt:[287]

Im Rahmen eines öffentlich-rechtlichen Ausbildungsverhältnisses absolvierte Herr Kreuziger vom 13. Mai 2008 bis 28. Mai 2010 den juristischen Vorbereitungsdienst, welcher durch erfolgreiche Ablegung der mündlichen Prüfung für das zweite Staatsexamen endete. In den letzten fünf Monaten seines Ausbildungsverhältnisses nahm Herr Kreuziger keinen Urlaub in Anspruch – die finanzielle Abgeltung dafür beantragte er nach Ende des Ausbildungsverhältnisses. Neben seinem Antrag wurde im Anschluss auch sein Widerspruch bescheidmäßig mit der Begründung abgelehnt, dass die deutsche EUrlVO einen solchen Abgeltungsanspruch für Rechtsreferendare und Rechtsreferendarinnen nicht statuiere und diese ferner nicht als AN iS der AZ-RL zu qualifizieren wären. Darüber hinaus würde Art 7 Abs 2 AZ-RL voraussetzen, dass AN den Nicht-Verbrauch des Jahresurlaubs in concreto nicht selbst zu vertreten haben. Den ersten und dritten Begründungspunkt übernehmend wies auch das Verwaltungsgericht Berlin die von Herrn Kreuziger erhobene Klage ab. Dieses wies zudem darauf hin, dass Herr Kreuziger nach deutschem Recht verpflichtet gewesen wäre, Urlaub zu beantragen und zu nehmen. Da er dieser Verpflichtung nicht nachgekommen sei, obwohl das Ende seines Ausbildungsverhältnisses für ihn absehbar war, konkludierte das Verwaltungsgericht Berlin, dass sein Urlaubsanspruch verfallen ist. Gegen diese Entscheidung legte Herr Kreuziger beim Oberverwaltungsgericht Berlin-Brandenburg Berufung ein. Dieses statuierte in der Vorlageentscheidung, dass sich ein entsprechender Abgeltungsanspruch tatsächlich nicht aus dem deutschen Recht ableiten lässt und sich daher allenfalls aus dem Unionsrecht ergeben muss, wobei das Gericht festhielt, dass Herr Kreuziger durchaus in den persönlichen Anwendungsbereich der AZ-RL fällt und darüber hinaus die zwei Voraussetzungen des Art 7 Abs 2 AZ-RL erfüllt. Nichtsdestotrotz war es für das deutsche Oberverwaltungsgericht Berlin-Brandenburg nicht hinreichend klar, ob es – wie vom Verwaltungsgericht Berlin angenommen – unter bestimmten Umständen zu einem Ausschluss des Anspruchs kommen kann und darf, weswegen es das Verfahren ausgesetzt und die Rs mit zwei Vorlagefragen an den EuGH herangetragen hat. Einerseits wollte das Oberverwaltungsgericht Berlin-Brandenburg wissen, ob ein Ausschluss des Vergütungsanspruchs mit dem Unionsrecht vereinbar ist, wenn kein Urlaubsantrag gestellt wurde, obwohl dies möglich gewesen wäre. Andererseits wollte es

286 EuGH 06.11.2018, C-619/16 (Kreuziger) Rz 1 f.
287 EuGH 06.11.2018, C-619/16 (Kreuziger) Rz 9–17.

wissen, ob Regelungen, die vorsehen, dass der Nicht-Verbrauch des Jahresurlaubs auf vom Willen der AN unabhängige Gründe zurückzuführen sein muss, mit Art 7 Abs 2 AZ-RL vereinbar sind.

Erwägungen des EuGH:

Seine Ausführungen begann der EuGH – unter Verweis auf seine Rsp – mit einer kurzen Vorbemerkung zur unmittelbaren Wirkung, wobei er wiederholte, dass die unmittelbare Wirkung von Art 7 Abs 2 AZ-RL bereits bejaht wurde, sodass zu prüfen ist, ob Herr Kreuziger die Voraussetzungen der Bestimmung erfüllt.[288] Zu Beginn dieser Prüfung bezog sich der EuGH auf die Ausführungen, die er erstmalig in der Rs *BECTU* festgehalten hatte. Unter Verweis auf seine Urteile in den Rs *Bollacke* und *Maschek* erinnerte der EuGH ferner daran, dass Art 7 Abs 2 AZ-RL nur zwei Voraussetzungen kennt. In diesen beiden Urteilen hat der EuGH zudem festgehalten, dass der Anspruch auf bezahlten Jahresurlaub und damit auch der Anspruch auf finanzielle Vergütung nicht untergehen können, wenn der Urlaub aufgrund von Krankheit oder durch Tod nicht vor Beendigung des Arbeitsverhältnisses konsumiert werden konnte. Im Hinblick auf das Ausgangsverfahren kam der EuGH aber zu dem Zwischenergebnis, dass dieser Fall anders gelagert ist, nachdem der Untergang des Urlaubsanspruchs nicht auf die Beendigung des Arbeitsverhältnisses zurückzuführen ist, sondern darauf, dass kein Urlaubsantrag gestellt wurde. Nach Ansicht des EuGH war daher zu klären, ob Herr Kreuziger bei Beendigung des Ausbildungsverhältnisses noch einen Anspruch auf bezahlten Jahresurlaub hatte, der sich in eine finanzielle Vergütung umwandeln konnte – es kam also eigentlich auf eine Auslegung von Art 7 Abs 1 AZ-RL an.[289] Diesbezüglich wies der EuGH in einem ersten Schritt darauf hin, dass sich aus seiner Rsp nicht ergibt, dass Art 7 AZ-RL dahin auszulegen ist, *„dass der Anspruch nach Abs. 1 und – im Fall der Beendigung des Arbeitsverhältnisses – der Anspruch auf die Vergütung, die gemäß Abs. 2 an seine Stelle treten kann, dem Arbeitnehmer völlig unabhängig von den Umständen erhalten bleiben müssten, die dazu geführt haben, dass er den bezahlten Jahresurlaub nicht genommen hat.“*[290] Gleichzeitig darf Art 7 AZ-RL entsprechend der stRsp des EuGH nicht auf Kosten der durch diese RL gewährleisteten Rechte der AN restriktiv ausgelegt werden und gilt es, die Zwecke des Urlaubsanspruchs sicherzustellen. Im nächsten Schritt erinnerte der EuGH schließlich daran, dass die MS für Regelungen hinsichtlich der Wahrnehmung und Umsetzung des Urlaubsanspruchs verantwortlich sind, wobei entsprechend den Rs *Schultz-Hoff ua* auch Modalitäten mit dem

[288] EuGH 06.11.2018, C-619/16 (Kreuziger) Rz 19–23.
[289] EuGH 06.11.2018, C-619/16 (Kreuziger) Rz 27–36.
[290] EuGH 06.11.2018, C-619/16 (Kreuziger) Rz 37.

Unionsrecht vereinbar sind, die zu einem Verlust des Urlaubsanspruchs führen, wenn AN tatsächlich die Möglichkeit gehabt haben, diesen Anspruch wahrzunehmen. Dem EuGH zufolge verkennt das deutsche Recht diese zwingenden Grenzen aber insofern, als der Urlaubsanspruch automatisch – das heißt ohne weitere Prüfung – erlischt, wenn kein Antrag gestellt wird. Da AN von einer ausdrücklichen Geltendmachung ihrer Rechte aufgrund der schwächeren Position im Arbeitsverhältnis abgeschreckt sein können, sind Situationen zu vermeiden, in welchen die tatsächliche Wahrnehmung des Urlaubsanspruchs vollständig auf die AN verlagert wird und sich AG so ihre Pflichten entziehen können. Daher sind AG nach dem EuGH zwar nicht verpflichtet, ihre AN zwangsweise auf Urlaub zu schicken, diese aber doch in eine Lage zu versetzen, in welcher sie ihren Urlaubsanspruch tatsächlich wahrnehmen können.[291] Er kam folglich zu dem weiteren Zwischenergebnis, dass AG – aufgrund des zwingenden Charakters und der erforderlichen Gewährleistung der praktischen Wirksamkeit von Art 7 AZ-RL – konkret und in völliger Transparenz dafür sorgen müssen, dass AN tatsächlich in der Lage sind, ihren Urlaub auch zu verbrauchen. Dazu kann gegebenenfalls auch eine förmliche Aufforderung mit klarem und rechtzeitigem Hinweis hinsichtlich eines etwaigen Verfalls des Urlaubsanspruchs erforderlich sein. Damit legt der EuGH AG eine strenge „Urlaubssorgepflicht“[292] auf, für welche diese auch die Beweislast tragen. Kommen AG dieser Sorgepflicht nicht ausreichend nach, ist ein Erlöschen des Rechts auf bezahlten Jahresurlaub und in der Folge ein Erlöschen des finanziellen Abgeltungsanspruchs unionsrechtswidrig. Wahren AG hingegen ihre Sorgepflicht und können sie beweisen, dass AN freiwillig und im Hinblick auf die Konsequenzen wissentlich auf den Urlaubsanspruch verzichtet haben, ist ein Verlust beider Ansprüche laut EuGH mit dem Unionsrecht vereinbar. Im Ergebnis urteilte der EuGH daher, dass der automatische Verfall des Urlaubsanspruchs Art 7 AZ-RL entgegensteht. Auf die zweite Vorlagefrage ging er folglich nicht mehr ein.[293]

Einordnung des Urteils in die Rechtsprechung des EuGH:

In der gegenständlichen Entscheidung hat sich der EuGH erstmals zum Verfall des Urlaubsanspruchs im allgemeinen Kontext geäußert.[294] Die Ausführungen zuvor können einerseits dem Kontext des Langzeitkrankheitsurlaubs, andererseits dem Kontext der

291 EuGH 06.11.2018, C-619/16 (Kreuziger) Rz 38–51.

292 Anm: Der OGH hat die Vorgaben des EuGH mit dem Begriff „Urlaubssorgepflicht“ umschrieben (OGH 27.05.2021, 9 Ob A 88/20m). In weiterer Folge wird daher auch auf diesen Begriff abgestellt.

293 EuGH 06.11.2018, C-619/16 (Kreuziger) Rz 52–57.

294 Anm: In dem Urteil in der Rs *Max-Planck-Gesellschaft*, welches am selben Tag erging wie das *Kreuziger*-Urteil, hat sich der EuGH teilweise wortident zum Verfall geäußert. Da das Urteil in der Rs *Max-Planck-Gesellschaft* aber auch Ausführungen zur unmittelbaren Wirkung von Art 31

Scheinselbständigkeit zugeordnet werden: Im Bereich des Langzeitkrankheitsurlaubs hat der EuGH 2009 in den Rs *Schultz-Hoff ua* erstmalig festgehalten, dass ein Verfall des Urlaubsanspruchs nur zulässig ist, wenn der oder die AN tatsächlich die Möglichkeit zum Urlaubskonsum hatte, wobei diese Möglichkeit bei einem Langzeitkrankheitsurlaub nicht gegeben ist, weswegen der Urlaub folglich auch nicht verfallen kann.[295] Diese Rechtsansicht nuancierte der EuGH 2011 in der Rs *KHS*, indem er einen Verfall von Urlaubsansprüchen nach einem Übertragungszeitraum, der die Dauer des Bezugszeitraums deutlich überschreitet, auch bei Langzeitkrankenständen als zulässig erachtete. Begründend führte er dazu einerseits aus, dass ein zu lange übertragener Urlaubsanspruch, der unter anderem zum Zweck hat, einen Zeitraum für Erholung zur Verfügung zu stellen, diesen Zweck nicht mehr erfüllt.[296] Andererseits sind nach Ansicht des EuGH AG *„vor der Gefahr der Ansammlung von zu langen Abwesenheitszeiträumen und den Schwierigkeiten* [zu] *schützen, die sich daraus für die Arbeitsorganisation ergeben können.“*[297] Einen Übertragungszeitraum von 15 Monaten hat der EuGH daher als zulässig,[298] einen Übertragungszeitraum von nur neun Monaten hingegen als unzulässig eingestuft.[299] In der Rs *King* hat sich der EuGH sodann 2017 zum ersten und bisher einzigen Mal mit dem Verfall bzw der Verjährung des Urlaubsanspruchs im Kontext der Scheinselbständigkeit auseinandergesetzt. Er hielt fest, dass Urlaubsansprüche in diesem Kontext auch nach einem Übertragungszeitraum nicht verfallen können, da bei einer Scheinselbständigkeit – im Gegensatz zum Langzeitkrankheitsurlaub – keine Gründe vorliegen, die eine Ausnahme von dem Grundsatz, dass Urlaubsansprüche nur bei tatsächlicher Möglichkeit des Urlaubskonsums verfallen können, rechtfertigen würden.[300] Diesen Grundsatz hat der EuGH anschließend in der gegenständlichen Rs *Kreuziger* sowie der Rs *Max-Planck-Gesellschaft* für den allgemeinen Kontext dahingehend konkretisiert, dass ein Verfall nur möglich ist, wenn AG ihre Urlaubssorgepflicht erfüllt haben.[301] Zu weiteren Präzisierungen kam es schließlich in den Jahren 2022 und 2023: In der Rs *LB* hat der EuGH festgehalten, dass diese Sorgepflicht auch einer der Rechtssicherheit dienenden Verjährungsbestimmung entgegensteht. Wenngleich Rechtssicherheit ein berechtigtes Interesse der AG ist, ist dieses nicht mehr berechtigt, wenn sich AG aufgrund einer Verletzung ihrer Urlaubssorgepflicht selbst in eine Si-

Abs 2 GRC enthält und damit umfassender ist, wurde in diesem Kapitel die Rs *Kreuziger* herangezogen, um die Unionsrechtslage darzustellen.

295 EuGH 20.01.2009, C-350/06 und C-520/06 (Schultz-Hoff ua) Rz 43, 52.

296 EuGH 22.11.2011, C-214/10 (KHS) Rz 33, 35, 44.

297 EuGH 22.11.2011, C-214/10 (KHS) Rz 39.

298 EuGH 22.11.2011, C-214/10 (KHS) Rz 44.

299 EuGH 03.05.2012, C-337/10 (Neidel) Rz 43.

300 EuGH 29.11.2017, C-214/16 (King) Rz 59, 65.

301 EuGH 06.11.2018, C-619/16 (Kreuziger) Rz 53 f; EuGH 06.11.2018, C-684/16 (Max-Planck-Gesellschaft) Rz 46 f.

tuation der Rechtsunsicherheit bringen.[302] In den Rs *Fraport ua* hat der EuGH zuletzt noch im Kontext des Langzeitkrankheitsurlaubs statuiert, dass sich die Verfallsmöglichkeit am Ende eines Übertragungszeitraums nur auf den Urlaubsanspruch bezieht, der während eines Langzeitkrankheitsurlaubs erworben wird. Ein Urlaubsanspruch, der vor einem Langzeitkrankheitsurlaub erworben wurde, verfällt bzw verjährt nur, wenn AG ihre Urlaubssorgepflicht erfüllt haben.[303] Gleiches gilt für einen Urlaubsanspruch, der vor einer Dienstfreistellung erworben wurde und dessen Verbrauch vor dieser aufgrund Zusammenfallens von Jahresurlaub mit kurzfristigem Krankheitsurlaub dem oder der AN nicht zur Gänze möglich war.[304] Bestätigt hat der EuGH zudem, dass sich die Säumnis eines oder einer AN, vor Beendigung des Arbeitsverhältnisses ein Verfahren einzuleiten, das die Unterbrechung der Verjährungsfrist bewirkt hätte, nicht auf den Verfall bzw die Verjährung auswirkt, wenn der oder die AG den oder die AN nicht tatsächlich in die Lage versetzt hat, diesen Anspruch auszuüben.[305] Das Unionsrecht zu Verfall bzw Verjährung, welches – nach der hier vertretenen Ansicht – auch für die tatsächliche Möglichkeit des Urlaubskonsums bei Änderung des Beschäftigungsausmaßes von Relevanz ist, gestaltet sich folglich wie in nachstehender Grafik veranschaulicht.

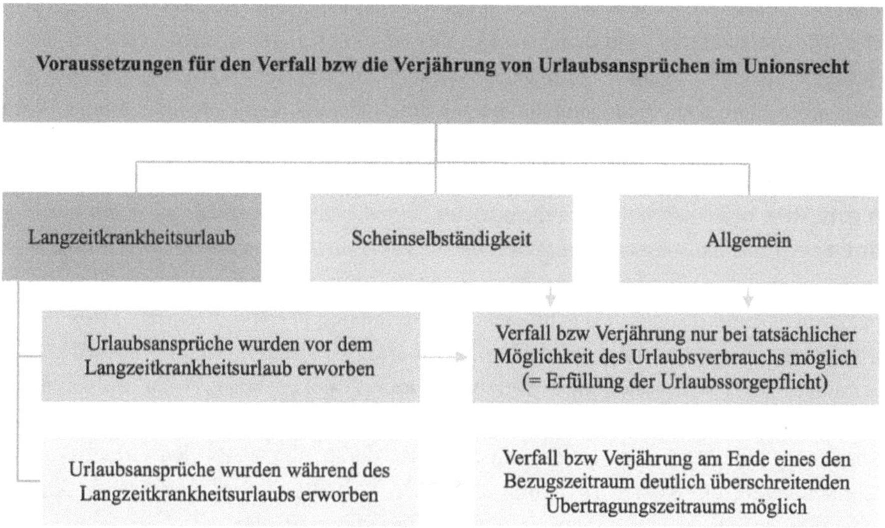

Abbildung 1: Überblick über die Unionsrechtslage zu Verfall bzw Verjährung von Urlaubsansprüchen (Quelle: Eigene Darstellung)

302 EuGH 22.09.2022, C-120/21 (LB) Rz 48–57.
303 EuGH 22.09.2022, C-518/20 und C-727/20 (Fraport ua) Rz 34–46.
304 EuGH 27.04.2023, C-192/22 (Bayerische Motoren Werke) Rz 24–34.
305 EuGH 10.10.2023, C-795/22 (Direccion000 ua) Rz 47.

Kritische Würdigung:

Die beiden Urteile des EuGH zur Urlaubssorgepflicht in den Rs *Kreuziger* und *Max-Planck-Gesellschaft* wurden im Schrifttum sowohl kritisiert als auch gelobt:

Auf der Kritik-Seite beanstandet *Sagan*, dass die *„Abgeltungsdoktrin des EuGH* [...] *auf tönernen Füßen* [steht].*“*[306] Seiner Ansicht nach ist dem Wortlaut von Art 7 Abs 2 AZ-RL nur ein Ablöseverbot mit einer Ausnahmebestimmung und gerade keine Anspruchsgrundlage zu entnehmen. Es sei daher verfehlt, das Ablöseverbot mit einem Ablösegebot bei Beendigung des Arbeitsverhältnisses gleichzusetzen. Ein Ablösegebot könne auch nicht aus Art 7 Abs 1 AZ-RL abgeleitet werden, da diese Bestimmung nur einen Anspruch auf bezahlten Mindestjahresurlaub von vier Wochen vermittle, aber keinen isolierten Teilanspruch auf Abgeltung nicht konsumierten Urlaubs enthalte.[307] Ähnlich kritisiert auch *Pfalz* im Zusammenhang mit dem Ablösegebot, dass *„der Begründung des EuGH* [...] *kurz gesagt eine nachvollziehbare Ableitung aus dem positiven Recht* [fehlt].*“*[308] Darüber hinaus ist *Sagan* der Meinung, dass das Ablösegebot einen monetären Anreiz schafft, im laufenden Arbeitsverhältnis auf den Urlaubsverbrauch zu verzichten, um bei Beendigung des Arbeitsverhältnisses in den Genuss einer hohen Einmalzahlung zu kommen. Dies sei aber nicht mit den Zwecken des bezahlten Jahresurlaubs vereinbar, in deren Vordergrund der wirksame Schutz der Gesundheit der AN stehe. Dieser Kritik zum Abgeltungsgebot kann aber entgegengehalten werden, dass die Auslegung nach dem Wortlaut bekanntlich nicht die einzige zulässige juristische Auslegungsmethode ist. Der EuGH selbst scheint beim Abgeltungsanspruch mehr teleologisch vorzugehen, wenn er schlussfolgert, dass der Anspruch auf Jahresurlaub *„auch einen Anspruch auf Bezahlung und – als eng mit diesem Anspruch auf ‚bezahlten‘ Jahresurlaub verbundener Anspruch – den Anspruch auf eine finanzielle Vergütung für bei Beendigung des Arbeitsverhältnisses nicht genommenen Jahresurlaub“*[309] umfasst. Diese Auslegung erweitert den Telos nicht auf unzulässige Weise und ist auch nachvollziehbar. Dies speziell, wenn man bedenkt, dass es auch in einer Konstellation, in welcher es kein Ablösegebot gibt, zu problematischen Anreizen kommt. Wären AG nämlich nicht verpflichtet, bei Beendigung eine finanzielle Vergütung zu leisten, hätten diese ein Interesse daran, ihren AN den Urlaubsverbrauch zu erschweren, um Kosten zu sparen und einen Vorteil zu generieren. Dieser Anreiz erscheint jedenfalls nicht mit dem Unionsrecht vereinbar zu sein.

---

[306] *Sagan*, ZAS 2019/38, 211 (212).

[307] *Sagan*, ZAS 2019/38, 211 (212).

[308] *Pfalz*, Regelung über den Entfall der Urlaubsersatzleistung bei unberechtigtem vorzeitigem Austritt des Arbeitnehmers teilweise unionsrechtswidrig, EvBl 2022/92, 724 (727).

[309] EuGH 06.11.2018, C-569/16 und C-570/16 (Bauer und Willmeroth) Rz 58.

Neben dieser grundlegenden Kritik an der Abgeltungsdoktrin des EuGH kritisiert *Sagan* zudem die Begründung der Urlaubssorgepflicht, nach welcher AN die schwächere Partei im Arbeitsverhältnis sind und deswegen nicht von der Ausübung ihrer Rechte abgeschreckt werden dürfen. Diese Sorgepflicht sei ein ungeeignetes Mittel, um eine Ausübung der AN-Rechte tatsächlich sicherzustellen. Sowohl bei einer ausdrücklichen, direkten Geltendmachung als auch bei einer Geltendmachung mit vorangehender Aufklärung sei ungewiss, wie AG auf die Inanspruchnahme des Urlaubs reagieren werden.[310] Auch dieser Kritik zur Urlaubssorgepflicht ist nicht ohne Weiteres zuzustimmen. Zwar ist richtig, dass die Urlaubssorgepflicht die Reaktion der AG auf die Inanspruchnahme des Urlaubs nicht unmittelbar beeinflussen kann. Wollen AG jedoch ein Ansammeln der Urlaubsansprüche verhindern, müssen sich AG zunehmend mit einem Urlaubsverbrauch der AN abfinden. Aufgrund der Urlaubssorgepflicht liegt es daher nun im Interesse der AG, auf einen Urlaubsantrag nicht negativ zu reagieren, um AN nicht von der Ausübung ihrer Rechte abzuschrecken. In Anbetracht dessen erscheint die Urlaubssorgepflicht doch geeignet, die tatsächliche Ausübung der AN-Rechte sicherzustellen. Neben *Sagan* sieht auch *Auer-Mayer* das Verständnis des EuGH zur tatsächlichen Möglichkeit des Urlaubsverbrauchs kritisch und stuft dieses als dogmatisch verfehlt ein. Es sei nicht nachvollziehbar, warum AN nicht einmal ein eigeninitiativer Urlaubsantrag zumutbar sein soll. [311]

Auf der Lob-Seite betont *Mair*, dass die beiden EuGH-Judikate zu einer Stärkung der sozialen Grundrechte der Union beitragen und als deutliches Indiz dahingehend verstanden werden können, dass der EuGH durchaus versucht ist, die Rechtsstellung der AN stets den Veränderungen in der Arbeitswelt anzupassen und zu verbessern. Eine solche Verbesserung werde durch die Urlaubssorgepflicht auch tatsächlich erreicht, da durch diese den AG eine Verantwortlichkeit für den Nichtverbrauch von Urlaubsansprüchen zugeschrieben werde, die dem unionsrechtlichen Charakter des Urlaubs als Maßnahme des Gesundheitsschutzes Rechnung trage, für welchen grds AG rechtlich zuständig seien.[312] Ähnlich ist auch *Mazal* der Ansicht, dass die Urlaubssorgepflicht dem Fürsorgegedanken entspricht.[313] Diesen beiden Ansichten ist zuzustimmen – als Gesundheitsmaßnahme kann beim Urlaub ein aktives Tun der AG durchaus verlangt werden.

310 *Sagan*, ZAS 2019/38, 211 (212 f).

311 *Auer-Mayer*, DRdA 2023, 179 (186 f).

312 *Mair*, Nichtverbrauch von Urlaub – Verantwortlichkeit des Arbeitgebers, DRdA 2019/37, 416 (419 f).

313 *Mazal*, Verjährung von Urlaubsansprüchen, ecolex 2023/552, 871 (871).

5.2. Österreichische Rechtslage – § 4 Abs 5 Urlaubsgesetz

5.2.1. Allgemeines

„Der Urlaubsanspruch verjährt nach Ablauf von zwei Jahren ab dem Ende des Urlaubsjahres, in dem er entstanden ist.“ (§ 4 Abs 5 S 1 UrlG)

§ 4 UrlG legt die Modalitäten für den Urlaubsverbrauch fest und enthält in Abs 5 eine Regelung, welche der Verjährung des Urlaubsanspruchs gewidmet ist. Wie schon § 5 UrlG wurde auch § 4 Abs 5 S 1 UrlG bereits mit der Stammfassung des UrlG eingeführt und seither nicht verändert. Anstatt der Verjährungsbestimmung war ursprünglich eine weniger AN-freundliche Verfallsbestimmung vorgesehen, die aber letztlich nicht verabschiedet wurde.[314] Die Verjährung unterscheidet sich vom Verfall insofern, als die Verjährung den Urlaubsanspruch nicht zur Gänze beseitigt, sondern in eine Naturalobligation verwandelt. Ein verjährter Urlaubsanspruch kann daher noch wirksam durch einen entsprechenden Verbrauch erfüllt werden – wobei AG bei Verbrauch keine Rückforderungsrechte zustehen. Er kann zudem durch Anerkenntnis wieder aufleben und klagbar werden.[315] Die geltende Verjährungsbestimmung im UrlG normiert, dass der Urlaubsanspruch nach Ablauf von zwei Jahren ab dem Ende des Urlaubsjahres, in dem er entstanden ist, verjährt. Für den Urlaubsverbrauch stehen daher insgesamt drei Jahre zur Verfügung. Aufgrund dieser speziellen Verjährungsregelung im UrlG sind die Anwendung der allgemeinen Verjährungsfrist des ABGB und ein Verfall des Urlaubsanspruchs ausgeschlossen.[316] Eine Verkürzung der Verjährungsfrist ist aufgrund des einseitig zwingenden Charakters von § 4 Abs 5 UrlG unzulässig (vgl § 12 UrlG). Dementsprechend darf es auch bei einer Umstellung vom Arbeits- auf das Kalenderjahr zu keiner Verkürzung der Verjährungsfrist kommen.[317] Eine Verlängerung der Verjährungsfrist kann sich aber gewissermaßen ergeben: Zum einen finden die §§ 1494 bis 1497 ABGB über die Hemmung und Unterbrechung der Verjährung auch auf die Verjährung des Urlaubsanspruchs Anwendung.[318] Der OGH hat diesbezüglich festgehalten, dass der Beginn des Laufs der Verjährungsfrist die objektive Möglichkeit der Geltendmachung des Anspruchs voraussetzt.[319] Kann Urlaub

---

314 ErlRV 150 BlgNR XIV. GP, 2, 10.

315 *Drs*, Urlaubsrecht[11] § 4 Rz 188; *Gerhartl*, Urlaubsrecht § 4 Rz 129; *Mayr/Erler*, Urlaubsgesetz[3] § 4 Rz 35; *Reissner* in Neumayr/Reissner (Hg), Zeller Kommentar zum Arbeitsrecht, Band 1[3] (2018) § 4 UrlG Rz 35.

316 OGH 05.09.2001, 9 Ob A 77/01s.

317 *Cerny*, Urlaubsrecht[10] § 4 Erl 28.

318 *Cerny*, Urlaubsrecht[10] § 4 Erl 28.

319 OGH 05.09.2001, 9 Ob A 77/01s, OGH 28.08.2018, 8 Ob A 47/18x.

infolge von Langzeitkrankenständen oder individuellen Beschäftigungsverboten wie im MSchG nicht konsumiert werden, kommt es daher ab Beginn des Krankenstands oder Beschäftigungsverbots zu einer Verjährungshemmung.[320] Zum anderen kommt es beim Vorliegen gesetzlicher Hemmungstatbestände zu einer Verlängerung der Verjährungsfrist.[321] Einer dieser Tatbestände ist direkt in § 4 Abs 5 S 2 verankert: Er sieht eine Verlängerung der Verjährungsfrist bei Elternkarenz nach dem MSchG und VKG um die volle Dauer dieser Karenzzeiten vor. Diese Bestimmung wurde mit einer der letzten Novellen des UrlG (BGBl I 19/2012) an die Unionsrechtsprechung (Rs *Zentralbetriebsrat der Landeskrankenhäuser Tirols*) angepasst.[322]

5.2.2. Rechtsprechung

Die nationale Rsp zur Urlaubsverjährung wird inzwischen durch eine – erst vor Kurzem durch den OGH vorgenommene – richtungsweisende Änderung der Rechtsprechungslinie geprägt. Für die vorliegende Untersuchung erscheint es daher zweckmäßig, die Entwicklung dieser Rechtsprechungslinie kurz anhand der einschlägigen Urteile darzustellen, um im Anschluss die Rechtsprechungslinie in ihrer Gesamtheit einer kritischen Würdigung unterziehen sowie beleuchten zu können, was dies für Österreich bedeutet.

Rechtsprechungslinie:

In seiner ersten Entscheidung zur Urlaubsverjährung im Kontext der Unionsrechtsprechung (8 Ob A 62/18b) kam der OGH zu dem Ergebnis, dass Urlaubsansprüche eines Scheinselbständigen in Österreich – trotz der Rsp des EuGH in der Rs *King* – nach Ablauf der Verjährungsfrist verjähren. Aus der Rs *King* ergäbe sich, dass die MS einen wirksamen Rechtsbehelf für die Durchsetzung des unionsrechtlichen Jahresurlaubsanspruchs gewährleisten müssen. Diesbezüglich sei die Rechtsordnung in England restriktiver ausgestaltet als in Österreich. Da AN in Österreich die Möglichkeit haben, innerhalb von drei Jahren eine Feststellungsklage nach § 228 ZPO einzureichen, stehe AN in Österreich ein solcher

320 Für Langzeitkrankenstände siehe OGH 27.01.2000, 8 Ob S 178/99f; OGH 05.09.2001, 9 Ob A 77/01s; OGH 06.10.2005, 8 Ob A 41/05w; OGH 09.05.2007, 9 Ob A 39/07m. Für individuelle Beschäftigungsverbote siehe OLG Wien 21.11.2008, 9 Ra 87/08t sowie zum öffentlichen Recht VwGH 11.10.2007, 2006/12/0167.

321 Für eine Übersicht dieser gesetzlichen Hemmungstatbestände siehe *Drs*, Urlaubsrecht[11] § 4 Rz 191 sowie *Schrank*, Urlaubsgesetz § 4 Rz 81.

322 Anm: Die Anpassung von § 4 Abs 5 S 2 UrlG erfolgte als Reaktion auf die vierte Vorlagefrage, auf die im vorigen Kapitel nicht näher eingegangen wurde.

Rechtsbehelf durchaus zur Verfügung. Eine Verjährung der Urlaubsansprüche sei daher – mit Ausnahme des Handelns wider Treu und Glauben seitens des oder der AG – (auch bei Scheinselbständigkeit) möglich und unionsrechtskonform.[323]

Diesen Standpunkt hat der OGH in der zweiten und dritten Entscheidung (8 Ob S 1/20k; 8 Ob S 2/20g) auch im Lichte der EuGH-Urteile in den Rs *Kreuziger* und *Max-Planck-Gesellschaft* beibehalten und bestätigt. Auch die deutsche Rechtsordnung sei restriktiver.[324]

Im vierten Urteil (9 Ob A 88/20m) anerkannte der OGH sodann die vom EuGH entwickelte Urlaubssorgepflicht der AG. Im konkreten Fall begehrte die AN einerseits eine Urlaubsersatzleistung für verbrauchte Urlaubstage, die mit einer Ausbildung zusammengefallen waren (in Folge: erste Urlaubsersatzleistung) und andererseits für Urlaubstage, die nach dem UrlG verjährt waren (in Folge: zweite Urlaubsersatzleistung). Im Hinblick auf die erste Urlaubsersatzleistung setzte sich der OGH nicht näher mit dem Umstand des Zusammenfallens von Urlaub und Ausbildung auseinander, sondern prüfte stattdessen nur die Verjährung dieser Urlaubstage. Diesbezüglich ergebe sich schon aus der Urlaubsvereinbarung, dass die AN von ihren offenen Ansprüchen wusste und mit deren Verbrauch einverstanden war. Eines weiteren Hinweises bedürfe es in diesem Fall nicht. Die AG habe sich daher – selbst bei Unwirksamkeit der Urlaubsvereinbarung – nicht ihrer Urlaubssorgepflicht entzogen. Im Hinblick auf die zweite Urlaubsersatzleistung habe die AN als Büroleiterin, unter deren Leitung auch die Urlaubsverfalllisten standen, sowohl von ihren offenen Urlaubsansprüchen als auch von deren drohendem Verfall gewusst. Es habe daher keine Notwendigkeit bestanden, die AN auf diese Umstände aufmerksam zu machen. Mangels entsprechenden Vorbringens durch die AN sei auch nicht davon auszugehen, dass ein Urlaubsverbrauch nicht möglich gewesen wäre. Der OGH kam daher zu dem Ergebnis, dass der AG eine Verletzung der Urlaubssorgepflicht in beiden Fällen nicht vorgeworfen werden kann, sodass beide Urlaubsersatzleistungen nach § 4 Abs 5 UrlG verjährt sind.[325]

Im Lichte der EuGH-Entscheidung in der Rs *LB* hat sich der OGH im fünften Urteil zur Urlaubsverjährung (8 Ob A 23/23z) nun kürzlich der Judikatur des EuGH angeschlossen. Aufgrund dieser Entscheidung stehe nunmehr fest, *„dass der unionsrechtlich gesicherte Urlaubsanspruch nicht verjähren kann, wenn der Arbeitgeber seiner Aufforderungs- und Hinweispflicht gegenüber dem Arbeitnehmer nicht nachgekommen ist."* Für die Verjährung reiche es daher nicht aus, dass Urlaub bei Beantragung gewährt worden wäre. Da die AG den AN – den Feststellungen entsprechend – im konkreten Fall weder zum Urlaubsverbrauch aufgefordert noch auf die Urlaubsverjährung hingewiesen hat, habe die

323 OGH 29.08.2019, 8 Ob A 62/18b.
324 OGH 24.04.2020, 8 Ob S 1/20k; OGH 24.04.2020, 8 Ob S 2/20g.
325 OGH 27.05.2021, 9 Ob A 88/20m.

AG gegen ihre Urlaubssorgepflicht verstoßen, weswegen keine Verjährung eingetreten sei. Die Klage war daher nicht abzuweisen und die Entscheidung des Berufungsgerichts war nicht aufzuheben. Dieses hatte dem AN für den vollen Zeitraum des Arbeitsverhältnisses (2003 bis 2018) eine Urlaubsersatzleistung jeweils für den unionsrechtlichen Mindesturlaub von vier Wochen zugesprochen.[326]

Kritische Würdigung der Rechtsprechungslinie:

Die ersten vier Urteile des OGH wurden im Schrifttum als in Einklang mit der bisherigen OGH-Rsp stehend angesehen und es wurde begrüßt, dass der OGH bemüht ist, das gut funktionierende, in sich stimmige und sachgerechte österreichische Urlaubssystem möglichst vor der weniger stimmigen und weniger sachgerechten Rsp des EuGH zum Urlaubsrecht zu beschützen.[327] Gleichzeitig wurden die Urteile des OGH bzw deren Begründung aber treffend als *„kaum rechtfertigbar"*[328], *„eher zweifelhaft"*[329] und sogar *„falsch"*[330] stark kritisiert.[331] Auf Unverständnis stieß berechtigterweise auch, warum es der OGH unterlassen hat, ein Vorabentscheidungsersuchen an den EuGH zu stellen.[332]

Dem OGH-Urteil zur Scheinselbständigkeit kann man zunächst eine falsche Interpretation der Rs *King* entgegenhalten. Nach Ansicht von *Auer-Mayer* und *Friedrich* hat sich der EuGH in der Rs *King* zwar mit der Frage der gerichtlichen Durchsetzbarkeit bzw des wirksamen Rechtsbehelfs auseinandergesetzt. Dies jedoch nur im Rahmen der ersten Vorlagefrage, die noch nicht auf den Urlaubsverfall abstellte. Im Hinblick auf den Urlaubsverfall sei es dem EuGH hingegen nur auf die vom AG wegen Verletzung der Informationspflicht zu verantwortende Verweigerung bezahlten Urlaubskonsums angekommen.[333] Aus den Urteilen in den Rs *Kreuziger* und *Max-Planck-Gesellschaft*, in welchen der EuGH das Erfordernis eines AN-Urlaubsantrags als problematisch eingestuft und stattdessen den AG eine Sorgepflicht auferlegt hat, ergebe sich zudem vielmehr iS eines argumentum a minori

---

326 OGH 27.06.2023, 8 Ob A 23/23z.

327 Siehe zB *Auer-Mayer*, Keine unionsrechtlichen Auswirkungen auf die Verjährung des Urlaubsanspruchs nach § 4 Abs 5 UrlG?, DRdA 2020/36, 378 (382 f); *Drs*, JAS 2020, 225 (242); *Kietaibl*, ZAS 2021/15, 83 (85 f); *Kietaibl*, JAS 2022, 42 (46).

328 *Kietaibl*, ZAS 2021/15, 83 (86).

329 *Kietaibl*, JAS 2022, 42 (48).

330 *Auer-Mayer*, DRdA 2020/36, 378 (382).

331 Vgl auch *Auer-Mayer*, DRdA 2023, 179 (187); *Drs*, JAS 2020, 225 (240 f) sowie *Friedrich*, Verjährung und Verfall des Urlaubsanspruchs im europäischen Kontext, ASoK 2021, 137 (144 f).

332 *Auer-Mayer*, DRdA 2020/36, 378 (383); *Drs*, JAS 2020, 225 (243).

333 *Auer-Mayer*, DRdA 2020/36, 378 (382); *Friedrich*, ASoK 2021, 137 (144 f).

ad maius, dass eine gerichtliche Geltendmachung von AN nicht verlangt werden könne.[334] Dem ist zuzustimmen, weswegen es kritisch zu sehen ist, dass der OGH diese beiden Rs im Urteil zur Scheinselbständigkeit einfach ignoriert hat. Noch kritischer ist freilich, dass der OGH in seinen Folgeurteilen trotz Verweises auf die beiden EuGH-Urteile an seiner Rechtsbehelf-Begründung festhielt. Problematisch an dieser Begründung ist aber nicht nur, dass diese aus einer falschen Interpretation herrührt, sondern auch, dass diese die Wirklichkeit verkennt. Richtigerweise kann es bei der Beurteilung der Wirksamkeit eines Rechtsbehelfs nämlich nicht nur auf die theoretische, sondern muss es auch auf die praktische Ebene ankommen. Und in der Praxis werden auf AN-Seite regelmäßig (aufgrund der im Normalfall angestrebten Aufrechterhaltung des Arbeitsverhältnisses) große Bedenken hinsichtlich einer gerichtlichen Geltendmachung bestehen. Die tatsächliche Wirksamkeit der österreichischen Rechtsbehelfe ist damit in der Tat äußerst zweifelhaft. [335]

Neben dem Urteil in der Rs *King* scheint der OGH in der Folge aber auch die in den Rs *Kreuziger* und *Max-Planck-Gesellschaft* etablierte Urlaubssorgepflicht nicht vollständig verstanden zu haben. Die Aussage, wonach sich die AG im vierten Urteil im Hinblick auf die erste Urlaubsersatzleistung auch bei Nichtigkeit der Urlaubsvereinbarung ihrer Sorgepflicht nicht entzogen hätte, begründet der OGH allein damit, dass sich der EuGH noch mit keinem gleichen Sachverhalt auseinanderzusetzen hatte und er selbst nach Maßgabe der Rsp des EuGH kein diese Sorgepflicht verletzendes Verhalten der AG erkennt. Diese Begründung kann nicht überzeugen. Vielmehr ist im Lichte des Unionsrechts davon auszugehen, dass aufgrund einer nichtigen Urlaubsvereinbarung nicht verbrauchte Urlaubstage nicht verjähren können. Ähnlich wie bei der Scheinselbständigkeit in der Rs *King* müsste man wohl die Frage stellen, wem im Hinblick auf die Wirksamkeit der Urlaubsvereinbarung die Verantwortung zuzurechnen ist. Zuzustimmen ist diesbezüglich *Kietaibl*, nach welchem *„die rechtliche Fehleinschätzung schon nach allgemeinen Grundsätzen eher dem AG als dem AN zuzurechnen“*[336] ist. Dementsprechend war es der AN hier – gleich wie Herrn King – aufgrund einer von der AG geschaffenen Fehlvorstellung nicht möglich, ihren Urlaub tatsächlich zu verbrauchen, sodass eine Verjährung nicht angenommen werden kann.[337] *Kietaibl* ist weiters darin zuzustimmen, dass der OGH richtigerweise zuerst die (Un-)Wirksamkeit der Urlaubsvereinbarung hätte prüfen müssen. Wenn dieser anschließend zu der Ansicht kommt, dass die Vereinbarkeit einer Zweckbindung mit

334 *Auer-Mayer*, DRdA 2020/36, 378 (382); *Auer-Mayer*, ZAS 2020/22, 126 (131); *Friedrich*, ASoK 2021, 137 (144 f). Dieser Ansicht folgend *Niksova*, wbl 2022, 481 (487).

335 So auch *Drs*, JAS 2020, 225 (237 ff); *Tinhof*, Urlaubsverjährung bei „versecktem“ Dienstverhältnis, DRdA-infas 2020/14, 23 (26).

336 *Kietaibl*, JAS 2022, 42 (49).

337 *Kietaibl*, JAS 2022, 42 (48 f).

dem Unionsrecht zweifelhaft ist, ist ihm jedoch nicht mehr zuzustimmen.[338] Basierend auf der Entscheidung in den Rs *Schultz-Hoff ua*, nach welcher es den MS auch freisteht, einen Urlaubsverbrauch während eines Krankenstands zu erlauben,[339] spricht wohl grds nichts dagegen, dass AN ihren Urlaub auch für Ausbildungszwecke verbrauchen können. Ausgehend von der (neuen) Unionsrechtsprechung zum Zusammenfallen von Krankheits- und Jahresurlaub[340] sowie der Entscheidung in der Rs *Unitatea Administrativ Teritorială D*[341] ist aber davon auszugehen, dass das Zusammenfallen von Ausbildung und Jahresurlaub nur dann unproblematisch ist, wenn der Ausbildungswunsch auf den oder die AN zurückzuführen ist und er oder sie mit einem Urlaubsverbrauch zu Ausbildungszwecken einverstanden ist. Wenngleich das Unionsrecht einem Zusammenfallen von Ausbildung und Jahresurlaub nicht per se entgegensteht, hat der OGH mit seiner Entscheidung in der Rs 9 Ob A 69/20t in Österreich eine strengere Rechtslage zum Zusammenfallen von Ausbildung und Jahresurlaub geschaffen. Im Ergebnis hätte der OGH daher die Nichtigkeit der Urlaubsvereinbarung – iS des nationalen Rechts – bejahen und die Verjährung dieser Urlaubsansprüche – iS des Unionsrechts – verneinen müssen.

Dass der OGH die Urlaubssorgepflicht des EuGH nicht vollständig verstanden hat, zeigt sich aber auch in der Beurteilung der zweiten Urlaubsersatzleistung. Denn wenn er eine Verletzung der Sorgepflicht allein mit der Begründung verneint, dass die AN als Büroleiterin von ihren offenen Urlaubsansprüchen und dem drohenden Verfall wusste, verkürzt er die vom EuGH etablierte Sorgepflicht auf unzulässige Weise. Diese umfasst nämlich – wenn notwendig – auch eine Aufforderungspflicht des AG.[342] Die AG ist ihrer Sorgepflicht daher – entgegen der Ansicht *Spenlings*[343] und des OGH – jedenfalls nicht zur Gänze nachgekommen.[344] Wenn sich der EuGH zudem darauf beruft, dass die AN kein Vorbringen dahingehend erstattet hat, dass ihr der Urlaubsverbrauch unmöglich gewesen sei, ist zusätzlich zu kritisieren, dass der OGH entweder übersehen oder ignoriert

338 *Kietaibl*, JAS 2022, 42 (48 f).

339 EuGH 20.01.2009, C-350/06 und C-520/06 (Schultz-Hoff ua) Rz 31 f.

340 Siehe insbesondere EuGH 14.12.2023, C-206/22 (Sparkasse Südpfalz) Rz 44: *„Der Arbeitnehmer darf nämlich während des Jahresurlaubs seitens seines Arbeitgebers keiner Verpflichtung unterworfen werden, die ihn daran hindern kann, frei und ohne Unterbrechung seinen eigenen Interessen nachzugehen, um die Auswirkungen der Arbeit auf seine Sicherheit und Gesundheit zu neutralisieren.“*

341 EuGH 28.10.2021, C-909/19 (Unitatea Administrativ Teritorială D). In dieser Rs hat der EuGH festgehalten, dass bei einer Fortbildung, die auf Veranlassung des Arbeitgebers absolviert wird, Arbeitszeit vorliegt.

342 EuGH 06.11.2018, C-619/16 (Kreuziger) Rz 52; EuGH 06.11.2018, C-684/16 (Max-Planck-Gesellschaft) Rz 45.

343 *Spenling*, Aktuelle Rechtsprechung zum Arbeitsrecht, in Wachter (Hg), Jahrbuch Arbeitsrecht und Sozialrecht 22 (2022) 47 (77).

344 So auch *Kietaibl*, JAS 2022, 42 (49 f).

hat, dass der EuGH die Beweispflicht im Hinblick auf die Sorgepflicht eindeutig den AG auferlegt. Folglich hätte die AN auch kein Vorbringen erstatten müssen, sondern die AG hätte beweisen müssen, dass die AN *„aus freien Stücken und in voller Kenntnis der sich daraus ergebenden Konsequenzen"*[345] auf ihren Urlaubsanspruch verzichtet hat. Diesen Beweis hätte die AG wohl nicht erbringen können, wenn der OGH sogar ausführt, dass die AN die AG auf ihren Urlaubsverfall aufmerksam gemacht und um Verlängerung des Zeitraums für den Urlaubskonsum gebeten hat.[346]

In Anbetracht der vielfältigen Kritikpunkte an den ersten vier OGH-Entscheidungen zur Urlaubsverjährung ist es zu begrüßen, dass der OGH von seinen stark kritisierten Begründungen Abstand genommen und sich der OGH endlich der Rsp des EuGH angeschlossen hat. Diese Judikaturwende mag aus dem Blickwinkel der Bewahrung des UrlG auf Unmut stoßen; aus dem Blickwinkel der Rechtssicherheit ist das Urteil aber wirklich sehr positiv zu sehen und es verbleibt auch kaum Raum für Kritik.[347] Anzumerken sind aber dennoch zwei Kritikpunkte am Endergebnis, die aber nicht per se den OGH, sondern die Entscheidung des Berufungsgerichts betreffen: Zum einen ist das – wenngleich nicht unvertretbare – Zwischenergebnis zu beanstanden, dass § 4 Abs 5 UrlG unangewendet zu bleiben hat. Im Schrifttum wird nämlich durchaus angenommen, dass eine richtlinienkonforme Interpretation möglich wäre. Diese hätte sich auf den vollen Urlaubsanspruch bezogen und damit zur Konsequenz gehabt, dass eine Urlaubsersatzleistung auch für die fünfte Woche zuzusprechen gewesen wäre.[348] Zum anderen ist zu kritisieren, dass das Berufungsgericht die Rückwirkung der Unionsrechtsprechung nicht begrenzt hat. Im Schrifttum wird nämlich darauf hingewiesen, dass EuGH-Urteile zwar nicht nur pro futuro wirken, eine Rückwirkung aber dennoch nicht weiter als bis zum Zeitpunkt des Inkrafttretens des einschlägigen Unionsrechts reichen kann.[349] Die GRC, deren Art 31 Abs 2 die Grundlage für die unmittelbare Anwendbarkeit des Urlaubsrechts der Union zwischen Privaten[350] bildet,[351] ist aber erst mit 01.12.2009 in Kraft getreten. Im Umweltrecht, in welchem der EuGH mit Blick auf Beschwerderechte ebenfalls die GRC ins Spiel gebracht hat, hat

---

345 EuGH 06.11.2018, C-619/16 (Kreuziger) Rz 54; EuGH 06.11.2018, C-684/16 (Max-Planck-Gesellschaft) Rz 47.

346 OGH 27.05.2021, 9 Ob A 88/20m.

347 Anm: Da die OGH-Entscheidung in der Rs 8 Ob A 23/23z erst kürzlich ergangen ist, gibt es im Schrifttum mit Stand 01.01.2024 noch kaum Entscheidungsbesprechungen dazu.

348 Für eine ausführlichere Auseinandersetzung dazu siehe unten Kapitel 5.3. Gegenüberstellung und unionsrechtliche Beurteilung.

349 Siehe zB *Auer-Mayer*, DRdA 2023, 179 (181); *Bayreuther*, Neue Urlaubsrechtsprechung des EuGH, NZA 2022, 1381 (1382 f); *Niksova*, wbl 2022, 481 (485 f) mwN.

350 Anm: Aus dem Urteil ergäben sich keine Anhaltspunkte, dass es sich bei der AG um keine private AG handeln würde.

351 Siehe oben Kapitel 1.3. Unionsrechtlicher Anspruch auf bezahlten Jahresurlaub.

ein österreichisches Höchstgericht – der VwGH – diese Ansicht bereits bestätigt.[352] Richtigerweise hätte das Berufungsgericht daher erst für die Urlaubsansprüche ab Dezember 2009 annehmen dürfen, dass diese nicht verjährt sind.

Aufgrund dieser Rückwirkung ist – entgegen der Ansicht *Schrenks* – auch mit gravierenden Auswirkungen in Österreich zu rechnen.[353] Denn selbst wenn man die Rückwirkung bei privaten AG mit dem 01.12.2009 begrenzt, reicht diese bei öffentlichen AG bis zum Ablauf der Umsetzungsfrist der AZ-RL alt (23.11.1996) zurück.[354] Dies bedeutet, dass seit 1996 bzw 2009 verjährt geglaubte Urlaubsansprüche doch noch offen sind, wobei diese offenen Urlaubsansprüche – abhängig von den verjährt geglaubten Ansprüchen – zu Abwesenheitszeiten von (weit) mehr als 15 Wochen oder einer beträchtlichen Urlaubsersatzleistung führen könnten. Dies trifft jedenfalls auf AN zu, die noch in demselben Arbeitsverhältnis beschäftigt sind, in welchem Urlaubsansprüche verjährt sind, sowie auch auf AN, bei denen die Beendigung eines solchen Arbeitsverhältnisses noch innerhalb der Verjährungsfrist oder einer einschlägigen Verfallsfrist für die Geltendmachung der Urlaubsersatzleistung liegt. Fraglich ist, ob auch AN, bei denen die Beendigung eines Arbeitsverhältnisses, in welchem Urlaubsansprüche vermeintlich verjährt sind, schon weiter zurück liegt, noch eine finanzielle Vergütung dafür geltend machen können. Im Schrifttum wird diesbezüglich vertreten, dass die Urlaubsersatzleistung – den allgemeinen Verjährungsregeln entsprechend – nach einer dreijährigen Verjährungsfrist verjährt bzw nach einer kürzeren Verfallsfrist verfällt und die EuGH-Rsp zur Urlaubsverjährung auf diese eigene Verjährungsfrist nicht anwendbar sein soll.[355] Diesen Standpunkt gilt es zu hinterfragen, da der EuGH den Anspruch auf bezahlten Jahresurlaub und den Anspruch auf finanzielle Vergütung gewissermaßen als zwei Seiten einer Münze betrachtet – bei Beendigung des Arbeitsverhältnisses verwandelt sich der Anspruch auf bezahlten Jahresurlaub lediglich in den Anspruch auf finanzielle Vergütung. Es erscheint daher zweifelhaft, dass der EuGH zwei verschiedene Verjährungs- bzw Verfallsmöglichkeiten zulassen würde.[356] Selbst wenn man nun aber davon ausgeht, dass die Urlaubsersatzleistung nach drei Jahren

352 VwGH 25.04.2019, Ra 2018/07/0410.

353 *Schrenk*, PV Profi 2022/4, 6 (7 f).

354 *Auer-Mayer*, DRdA 2023, 179 (188); *Bayreuther*, NZA 2022, 1381 (1382 f); *Niksova*, wbl 2022, 481 (490) mwN.

355 Siehe zB *Auer-Mayer*, DRdA 2023, 179 (181); *Bayreuther*, NZA 2022, 1381 (1383); *Niksova*, wbl 2022, 481 (485 f) mwN; *Sprenger*, Urlaub verjährt nicht, EuZA 2023, 188 (198 f). Anm: Dieser Ansicht folgte auch das BAG in der Rs 9 AZR 456/20, wobei es für Arbeitsverhältnisse, die vor der EuGH-Entscheidung in der Rs *Kreuziger* geendet haben, den Beginn der Verjährungsfrist nicht mit Beendigung des Arbeitsverhältnisses, sondern erst mit Ende 2018 annahm (BAG 31.1.2023, 9 AZR 456/20).

356 So auch *Edthaler/Traxler*, EuGH: Kein automatischer Verfall von Urlaubsansprüchen. Auswirkungen auf die österreichische Rechtslage?, ASoK 2019, 2 (6).

oder sogar früher verjährt bzw verfällt, könnte man, wie der OGH ins Spiel bringt,[357] prüfen, ob nicht eine Verletzung der Urlaubssorgepflicht schadenersatzrechtlich von Relevanz sein könnte. Eine dahingehende Prüfung ließe sich wohl damit abkürzen, dass AG, die (beim besten Willen) nicht ahnen konnten, dass Urlaub – entgegen der nationalen Rechtlage – bei Verletzung der Urlaubssorgepflicht nicht verjähren kann, wohl kein Verschulden unterstellt werden kann. Hält man sich den Wortlaut des EuGH im Zusammenhang mit der Urlaubsverjährung vor Augen („*unrechtmäßige Bereicherung des AG*"[358]) könnte diesbezüglich aber möglicherweise das verschuldensunabhängige Bereicherungsrecht noch einen Ausweg bieten, über welchen AN für ihre verjährten Urlaubsansprüche aus bereits länger zurückliegenden Arbeitsverhältnissen doch auch noch in den Genuss einer finanziellen Abgeltung kommen könnten.

5.3. Gegenüberstellung und unionsrechtliche Beurteilung

Aus der Rsp des EuGH ergibt sich für die Unionsrechtslage, dass Urlaubsansprüche nur verjähren bzw verfallen können, wenn der oder die AG ua konkret und in völliger Transparenz dafür sorgt, dass der oder die AN tatsächlich in der Lage ist, den Urlaub zu verbrauchen. Dazu muss der oder die AG den oder die AN gegebenenfalls förmlich zum Urlaubsverbrauch auffordern und klar und rechtzeitig darauf hinweisen, dass der Urlaubsanspruch ansonsten verjährt bzw verfällt. Die Beweispflicht für die Erfüllung dieser Urlaubssorgepflicht tragen dabei die AG. Ausgenommen von dieser Vorgabe ist lediglich die Verjährung von Urlaubsansprüchen, die während eines Langzeitkrankenstands erworben wurden. Diese dürfen am Ende eines den Bezugszeitraum deutlich überschreitenden Übertragungszeitraumes verjähren bzw verfallen.

In Österreich verjähren Urlaubsansprüche nach der aktuellen Gesetzeslage hingegen – unabhängig von der Erfüllung der Urlaubssorgepflicht – nach Ablauf von zwei Jahren ab dem Ende des Urlaubsjahres, in dem sie entstanden sind (§ 4 Abs 5 UrlG). Im Lichte der strengen und glasklaren Vorgaben im Unionsrecht wurde und wird im Schrifttum richtigerweise darauf hingewiesen, dass es einer Neubewertung von § 4 Abs 5 UrlG bedarf.[359]

[357] OGH 27.06.2023, 8 Ob A 23/23z.

[358] EuGH 29.11.2017, C-214/16 (King) Rz 64; EuGH 22.09.2022, C-120/21 (LB) Rz 52.

[359] Siehe zB *Auer-Mayer*, ZAS 2020/22, 126 (131); *Auer-Mayer*, DRdA 2023, 179 (187); *Dvořák*, Urlaubsverjährung widerspricht Unionsrecht, DRdA 2023/27, 263 (265 f); *Edthaler/Traxler*, ASoK 2019, 2 (7); *Gerhartl*, Hinweispflicht des Arbeitgebers zum Urlaubsverbrauch, ASoK 2023, 159 (165); *Mair*, DRdA 2019/37, 416 (420); *Mayr/Erler*, Urlaubsgesetz[3] § 4 Rz 36; *Niksova*, wbl 2022, 481 (486 f).

Ausgehend von Art 4 Abs 3 EUV ist der österreichische Gesetzgeber folglich auch verpflichtet, § 4 Abs 5 S 1 UrlG aufzuheben oder zu sanieren.[360]

Normiert werden muss de lege ferenda jedenfalls, dass Urlaubsansprüche nicht verjähren, wenn die vom EuGH etablierte Urlaubssorgepflicht nicht erfüllt wurde. Das könnte beispielsweise mit einem neuen gesetzlichen Hemmungstatbestand bewerkstelligt werden. Aus Gründen der Rechtssicherheit wird im Zuge dessen idealerweise auch noch gesetzlich definiert, was für die Erfüllung der Urlaubssorgepflicht konkret erforderlich ist, sodass für AG beispielsweise klar ist, zu welchem Zeitpunkt bzw zu welchen Zeitpunkten und in welcher Form diese Sorgepflicht zu erfüllen ist. Dabei ist zu berücksichtigen, dass der Wortwahl des EuGH („*ua*“[361]) entnommen werden kann, dass die Urlaubssorgepflicht möglicherweise noch nicht abschließend definiert wurde. Anzunehmen ist wohl, dass es für das in die Lage versetzen der AN nicht immer ausreichen wird, den oder die AN nur zum Urlaubsverbrauch aufzufordern und auf die Verjährung hinzuweisen. Vielmehr ist davon auszugehen, dass es Umstände wie zB lange Urlaubssperren, wiederholte Ablehnungen von Urlaubsanträgen oder ein ständig zu hohes Arbeitspensum gibt, die einem tatsächlichen in die Lage versetzen selbst bei Erfüllung der Aufforderungs- und Hinweispflicht entgegenstehen.[362] Diesbezüglich könnten ebenso Vorkehrungen getroffen werden. Im Hinblick auf einen möglichen gesetzlichen Hemmungstatbestand ist aber grds davon auszugehen, dass eine Ablaufhemmung ausreicht, um die unionsrechtlichen Vorgaben zu erfüllen.[363] Entgegen der Ansicht des deutschen BAG und einigen Stimmen im deutschen Schrifttum erfordert die Unionsrechtsprechung nicht, dass der Beginn des Laufs der Verjährungsfrist von der Erfüllung der Urlaubssorgepflicht abhängig gemacht wird.[364] Zwar ist richtig, dass der zuständige GA in seinen Schlussanträgen davon ausgegangen ist.[365] Dieser hat die Verjährungsfrist aber auch anhand des Effektivitätsgrundsatzes und nicht wie der EuGH anhand von Art 51 Abs 1 GRC geprüft. Der EuGH selbst geht in seiner Prüfung aber nicht näher auf den Beginn der Frist ein, sondern sieht das Problem der Verjährungsfrist in der einredeweisen Geltendmachung der Verjährung durch die AG.[366] Die Auslegung, wonach eine Verjährungsfrist erst mit Erfüllung der Urlaubssorgepflicht zu laufen beginnen darf, wäre

---

360 *Kahl* in EUV/AEUV Kommentar[6] Art 4 EUV Rz 118; *Klamert/Stöger* in EUV/AEUV Art 4 EUV Rz 113; *Niksova*, wbl 2022, 481 (487).

361 EuGH 06.11.2018, C-619/16 (Kreuziger) Rz 52; EuGH 06.11.2018, C-684/16 (Max-Planck-Gesellschaft) Rz 45.

362 *Auer-Mayer*, DRdA 2023, 179 (187).

363 So auch *Auer-Mayer*, DRdA 2023, 179 (187).

364 BAG 20.12.2022, 9 AZR 266/20; *Keller/Augsten*, Basiskommentar zum Bundesurlaubsgesetz (2023) Einführung Rz 18; *Fuhlrott/Schäffer*, Urlaub ohne Ende: Verfall und Verjährung, ArbR Aktuell 2023, 86 (88).

365 GA 05.05.2022, C-120/21 (LB) Rz 39 ff.

366 EuGH 22.09.2022, C-120/21 (LB) Rz 48–52.

zudem nicht sonderlich gut mit der Judikatur in den Rs *Kreuziger* und *Max-Planck-Gesellschaft* vereinbar, welchen zu entnehmen ist, dass der EuGH einen Verlust des Urlaubsanspruchs bei Erfüllung der Sorgepflicht sogar bereits am Ende des Bezugszeitraums zulässt.[367] Da sich daraus ergibt, dass ein Übertragungszeitraum überhaupt nicht zwingend notwendig ist, können für einen solchen sinnvollerweise auch keine zwingenden Vorgaben abgeleitet werden.

Bis zu einer allfälligen Anpassung ist aber auch § 4 Abs 5 UrlG entweder richtlinienkonform zu interpretieren oder bei Unmöglichkeit der richtlinienkonformen Interpretation unangewendet zu lassen. Wenngleich Teile des Schrifttums sowie das Berufungsgericht in der Rs 8 Ob A 23/23z die Möglichkeit einer richtlinienkonformen Interpretation von § 4 Abs 5 UrlG ablehnen,[368] gehen andere Teile des Schrifttums durchaus davon aus, dass § 4 Abs 5 UrlG durch eine Anpassung der Rsp zur Verjährung richtlinienkonform ausgelegt werden könnte. Dazu müssten die Gerichte die unionsrechtlichen Vorgaben nur judikativ berücksichtigen und entweder – wie bei längeren Krankenständen oder individuellen Beschäftigungsverboten[369] – eine Hemmung der Verjährungsfrist annehmen oder Verjährungseinreden mangels Nachweises der Erfüllung der Urlaubssorgepflicht als rechtsmissbräuchlich verwerfen.[370] Wie auch bei der Änderung des Beschäftigungsausmaßes würde sich die richtlinienkonforme Interpretation – in Ermangelung von Anhaltspunkten für eine Differenzierung zwischen unionsrechtlich determiniertem und zusätzlichem nationalen Urlaubsteil in § 4 Abs 5 UrlG – auf den gesamten Urlaubsanspruch erstrecken.[371] Lehnt man die Möglichkeit einer richtlinienkonformen Interpretation hingegen ab, hat § 4 Abs 5 UrlG hinsichtlich des vierwöchigen Mindesturlaubsanspruchs auf Unionsebene unangewendet zu bleiben.[372]

---

367 EuGH 20.01.2009, C-350/06 und C-520/06 (Schultz-Hoff ua) Rz 43; EuGH 06.11.2018, C-619/16 (Kreuziger) Rz 52; EuGH 06.11.2018, C-684/16 (Max-Planck-Gesellschaft) Rz 45.

368 OGH 27.06.2023, 8 Ob A 23/23z; *Risak/Grossinger*, Verjährung des Urlaubsanspruchs bei Scheinselbständigkeit, JAS 2018, 140 (152).

369 Siehe oben Kapitel 5.2.1. Allgemeines.

370 *Auer-Mayer*, (Keine) Verjährung arbeitsrechtlicher Ansprüche? DRdA 2018, 299 (303); *Auer-Mayer*, DRdA 2023, 179 (187); *Dvořák*, DRdA 2023/27, 263 (266); *Friedrich*, ASoK 2021, 137 (146); *Grillberger/Weber*, Unbegrenzte Urlaubsersatzleistung bei Scheinselbständigkeit, wbl 2018, 310 (312); *Niksova*, wbl 2022, 481 (487).

371 Vgl BAG 20.12.2022, 9 AZR 266/20; *Auer-Mayer*, DRdA 2018, 299 (303); *Auer-Mayer*, DRdA 2023, 179 (181 f); *Dvořák*, DRdA 2023/27, 263 (266); *Gallner* in Kommentar zum europäischen Arbeitsrecht[5] RL 2003/88/EG Art 7 Jahresurlaub Rz 5; *Grillberger/Weber*, wbl 2018, 310 (312); *Niksova*, wbl 2022, 481 (487).

372 OGH 27.06.2023, 8 Ob A 23/23z.; *Auer-Mayer*, DRdA 2023, 179 (188); *Niksova*, wbl 2022, 481 (487).

6. Jahresurlaub und finanzielle Vergütung bei Beendigung

6.1. Beendigung des Arbeitsverhältnisses durch Tod

6.1.1. Unionsrechtsprechung

Mit dem Anspruch auf finanzielle Vergütung bei Beendigung des Arbeitsverhältnisses durch den Tod des oder der AN hat sich der EuGH zuletzt in den Rs *Bauer und Willmeroth* auseinandergesetzt. In dieser Rs hat der EuGH seinen in der Rs *Bollacke* erstmalig etablierten Standpunkt zur finanziellen Vergütung bei Beendigung des Arbeitsverhältnisses durch AN-Tod bestätigt und weiter ausgebaut. In derselben Rs hat der EuGH aber auch erstmalig eine unmittelbare Wirkung des Urlaubsrechts der Union zwischen Privaten bejaht, weswegen das Urteil in den Rs *Bauer und Willmeroth* an anderer Stelle bereits umfassend behandelt wurde. Für eine ausführliche Darstellung der Unionsrechtslage zur finanziellen Vergütung bei Beendigung des Arbeitsverhältnisses durch AN-Tod darf daher grds auf die Ausführungen zur ersten Vorlagefrage in den Rs *Bauer und Willmeroth* zurückverwiesen werden.[373] Für die nachstehende Abhandlung des aktuellen Spannungsfeldes reicht es aber aus, sich die Schlussfolgerung des EuGH in Erinnerung zu rufen, der entsprechend es unionsrechtswidrig ist, wenn von AN erworbene, aber noch offene Ansprüche auf bezahlten Jahresurlaub bei deren Tod untergehen, ohne dass für diese ein Anspruch auf finanzielle Vergütung besteht, der im Wege der Erbfolge auf Rechtsnachfolger und Rechtsnachfolgerinnen übergehen könnte.[374]

6.1.2. Österreichische Rechtslage – § 10 Abs 5 Urlaubsgesetz

> *„Die Ersatzleistung im Sinne der Abs. 1, 3 und 4 gebührt den Erben, wenn das Arbeitsverhältnis durch Tod des Arbeitnehmers endet.“* (§ 10 Abs 5 UrlG)

§ 10 UrlG ist der Urlaubsersatzleistung gewidmet, die AN für nicht verbrauchten Urlaub zusteht, wenn das Arbeitsverhältnis endet. Abs 5 stellt diesbezüglich ausdrücklich klar, dass diese Urlaubsersatzleistung den Erben und Erbinnen der AN zusteht, wenn das Ar-

---

373 Siehe oben Kapitel 1.2.3. Zur Wirkung des Urlaubsanspruchs – Bauer und Willmeroth.

374 EuGH 12.06.2014, C-118/13 (Bollacke) Rz 30; EuGH 06.11.2018, C-569/16 und C-570/16 (Bauer und Willmeroth) Rz 63.

beitsverhältnis durch deren Tod endet. Diese Vererblichkeit war bereits in der Stammfassung des UrlG für die Vorläuferbestimmungen zur Urlaubsersatzleistung (Urlaubsentschädigung nach § 9 Abs 2 sowie Urlaubsabfindung nach § 10 Abs 3) vorgesehen und wurde anschließend auch auf die mit dem ARÄG 2000 eingeführte Urlaubsersatzleistung übertragen (§ 10 Abs 5). Seither wurde Abs 5 auch nicht mehr novelliert. Die Höhe der Urlaubsersatzleistung richtet sich heute nach den Abs 1, 3 und 4. Für offene Urlaubsansprüche aus vorangegangenen Urlaubsjahren, die noch nicht verjährt sind, gebührt folglich eine Urlaubsersatzleistung im vollen Ausmaß des noch ausständigen Urlaubsentgelts (Abs 3), während die Urlaubsersatzleistung für das laufende Urlaubsjahr nur aliquot zusteht. Ein bereits verbrauchter Urlaub ist dabei auf das aliquote Ausmaß anzurechnen (Abs 1). Betrifft der Tod AN, die im Todeszeitpunkt im Rahmen einer Elternteilzeit oder Hospizteilzeit beschäftigt waren, gebührt den Rechtsnachfolgern und Rechtsnachfolgerinnen eine sonderberechnete Urlaubsersatzleistung (Abs 4).

Nach der hM und Rsp des OGH vermittelt § 10 Abs 5 UrlG den Erben und Erbinnen einen unmittelbaren Zahlungsanspruch gegen den oder die AG des oder der verstorbenen AN, sofern der Todesfall noch im aufrechten Arbeitsverhältnis eingetreten ist.[375] In diesem Fall ist eine Urlaubsersatzleistung folglich nicht in die Verlassenschaft einzubringen und der unmittelbare Zahlungsanspruch kann auch schon vor der Nachlassabhandlung geltend gemacht werden.[376] Dieser Zahlungsanspruch gegen den oder die AG besteht auch unabhängig davon, ob das allgemeine Erbe angetreten oder ausgeschlagen wird.[377] In Frage kommen als Erben und Erbinnen sowohl die gesetzlichen als auch die gewillkürten Erben und Erbinnen. Auf einen Unterhaltsanspruch kommt es dabei nicht an.[378] Wie die zustehende Urlaubsersatzleistung unter den Erben und Erbinnen aufzuteilen ist, ist im Schrifttum umstritten und bisher auch nicht gerichtlich geklärt.[379] Während *Schrank* sowie *Mayr*

---

375 OGH 15.05.1996, 9 Ob A 2012/96i; *Drs*, Urlaubsrecht[11] § 10 Rz 70; *Mayr/Erler*, Urlaubsgesetz[3] § 10 Rz 25; *Schindler* in Gruber-Risak/Mazal (Hg), Arbeitsrecht – System- und Praxiskommentar (40. Lfg 2022) Kapitel XX: Ansprüche bei Beendigung des Arbeitsverhältnisses Rz 143; *Schrank*, Urlaubsgesetz § 10 Rz 67 f. AA ist *Reissner*, der § 10 Abs 5 UrlG deklarativ versteht und annimmt, dass Urlaubsersatzleistungen den gewöhnlichen Nachlassweg gehen, sodass eine Erbsentschlagung den Anspruch auf Urlaubsersatzleistung verwirken würde (*Reissner* in Neumayr/Reissner (Hg), Zeller Kommentar zum Arbeitsrecht, Band 1[3] (2018) § 10 UrlG Rz 29).

376 *Schindler* in Arbeitsrecht – System- und Praxiskommentar Kapitel XX: Ansprüche bei Beendigung des Arbeitsverhältnisses Rz 143; *Schrank*, Urlaubsgesetz § 10 Rz 68.

377 OGH 15.05.1996, 9 Ob A 2012/96i.

378 *Gerhartl*, Urlaubsrecht § 10 Rz 94; *Mayr/Erler*, Urlaubsgesetz[3] § 10 Rz 25; *Reissner* in Zeller Kommentar zum Arbeitsrecht I[3] § 10 UrlG Rz 29; *Schindler* in Arbeitsrecht – System- und Praxiskommentar Kapitel XX: Ansprüche bei Beendigung des Arbeitsverhältnisses Rz 143.

379 *Gerhartl*, Urlaubsrecht § 10 Rz 95; *Schindler* in Arbeitsrecht – System- und Praxiskommentar Kapitel XX: Ansprüche bei Beendigung des Arbeitsverhältnisses Rz 143; *Schrank*, Urlaubsgesetz § 10 Rz 69.

und *Erler* eine Verteilung nach Köpfen befürworten,[380] sieht *Reissner* eine Verteilung nach Erbquoten als richtig an.[381] Hinsichtlich der Beweislast gilt, dass die Rechtsnachfolger und Rechtsnachfolgerinnen sowohl das Bestehen des Zahlungsanspruchs in dem von ihnen behaupteten Ausmaß als auch ihre Erbberechtigung nachweisen müssen.[382] Stirbt der oder die AN nach dem Ende des Arbeitsverhältnisses, ist Abs 5 mit seinen Rechtsfolgen nicht mehr anwendbar. Eine schon ausgezahlte bzw noch auszuzahlende Urlaubsersatzleistung würde in den Nachlass fallen.[383]

6.1.3. Gegenüberstellung und unionsrechtliche Beurteilung

Aus der Judikatur des EuGH ergibt sich klar, dass der Anspruch auf finanzielle Vergütung für offenen Jahresurlaub im Wege der Erbfolge auf Rechtsnachfolger und Rechtsnachfolgerinnen der AN übergehen können muss. In Österreich fällt die Urlaubsersatzleistung als finanzielle Vergütung nach der hA zwar nicht in den Nachlass, den Erben und Erbinnen kommt jedoch gem § 10 Abs 5 UrlG ein direkter Zahlungsanspruch gegen den oder die AG zu. Im Ergebnis geht der Anspruch auf Urlaubsersatzleistung damit auf die Rechtsnachfolger und Rechtsnachfolgerinnen über. Treffend wird im Schrifttum daher vertreten, dass Österreich Art 7 AZ-RL in dieser Hinsicht erfüllt bzw dass sich aus den Entscheidungen in den Rs *Bollacke* sowie *Bauer und Willmeroth* keine Neuerungen für das österreichische Urlaubsrecht ergeben.[384] Differenzierter sehen die Rechtslage hingegen *Erler* und *Mayr*, die für den Fall, dass es keine Erben und Erbinnen gibt, durchaus noch einen Handlungsbedarf des österreichischen Gesetzgebers verorten. Da die Republik Österreich nicht als Erbe iS des § 10 Abs 5 UrlG in Betracht kommen könne, würde der Anspruch auf Urlaubsersatzleistung in diesem Falle zugunsten des oder der AG verfallen, was unionsrechtswidrig wäre.[385] Dem ist nicht zu folgen: Zum einen kann der EuGH-Rsp nicht entnommen werden, dass ein Verfall zugunsten der AG nicht mit Art 7 AZ-RL vereinbar wäre. Der EuGH betonte lediglich, dass es unionsrechtswidrig ist, wenn der von AN erworbene, aber noch offene Anspruch auf bezahlten Jahresurlaub bei deren Tod untergeht, *„oh-*

---

380 *Mayr/Erler*, Urlaubsgesetz^3 § 10 Rz 25; *Schrank*, Urlaubsgesetz § 10 Rz 69.

381 *Reissner* in Zeller Kommentar zum Arbeitsrecht I^3 § 10 UrlG Rz 30.

382 *Cerny*, Urlaubsrecht^{10} § 10 Erl 17; *Drs*, Urlaubsrecht^{11} § 10 Rz 74; *Gerhartl*, Urlaubsrecht § 10 Rz 95; *Reissner* in Zeller Kommentar zum Arbeitsrecht I^3 § 10 UrlG Rz 30.

383 *Drs*, Urlaubsrecht^{11} § 10 Rz 73; *Mayr/Erler*, Urlaubsgesetz^3 § 10 Rz 25; *Schrank*, Urlaubsgesetz § 10 Rz 66.

384 *Bell*, DRdA 2019/28, 324 (326); *Brenn*, Anspruch auf Vergütung des Jahresurlaubs bleibt bei Tod bestehen, ÖJZ 2014/129, 888 (888 f); *Kopetzki*, Das Grundrecht auf Jahresurlaub: Neues zur Charta und ihrer Drittwirkung, ecolex 2019, 97 (98); *Schindler* in Arbeitsrecht – System- und Praxiskommentar Kapitel XX: Ansprüche bei Beendigung des Arbeitsverhältnisses Rz 143.

385 *Erler*, Der Urlaubsbegriff im Unionsrecht 110; *Mayr/Erler*, Urlaubsgesetz^3 § 10 Rz 25.

ne dass ein Anspruch auf eine finanzielle Vergütung für diesen Urlaub besteht, der im Wege der Erbfolge auf die Rechtsnachfolger des Arbeitnehmers übergehen könnte."[386] Erforderlich ist nach dem Unionsrecht daher lediglich, dass der Gesetzgeber diesen Übergang ermöglicht. Eine Pflicht, diesen Übergang in einer Weise sicherstellen zu müssen, dass es keinesfalls zu einem Verfall des Anspruchs zugunsten des oder der AG kommt, kann der Rsp mE hingegen mit keinem Wort entnommen werden. Aber selbst wenn *Erler* und *Mayr* mit ihren Bedenken richtig lägen, muss eingewandt werden, dass eine etwaige Unionsrechtswidrigkeit im Wesentlichen nur auf der theoretischen, nicht aber der praktischen Ebene gegeben wäre: Die österreichische Rechtsordnung sieht im ABGB nämlich ein umfassendes Parentelsystem für die gesetzliche Erbfolge vor, welches zudem um ein außerordentliches Erbrecht des Lebensgefährten oder der Lebensgefährtin und der Vermächtnisnehmer und Vermächtnisnehmerinnen ergänzt wird (§§ 731, 748, 749 ABGB). Die Wahrscheinlichkeit, dass es keinen einzigen Erben oder keine einzige Erbin gibt, ist daher verschwindend gering, zumal es nach der hM und Rsp des OGH für den Zahlungsanspruch nach § 10 Abs 5 UrlG gerade auch nicht notwendig ist, dass der Erbe oder die Erbin auch das allgemeine Erbe antritt. Selbst bei stark überschuldeten Verlassenschaften, bei denen niemand das Erbe antreten will, werden sich daher idR Erben und Erbinnen finden, die zumindest in den Genuss der finanziellen Vergütung nach § 10 Abs 5 UrlG kommen möchten. Im Ergebnis ist daher festzuhalten, dass § 10 Abs 5 UrlG der Unionsrechtslage gerecht wird und damit als unionsrechtskonform zu qualifizieren ist.

6.2. Beendigung des Arbeitsverhältnisses durch sonstige Gründe

6.2.1. Unionsrechtsprechung – job-medium

Das Urteil in der Rs C-233/20 geht auf ein Vorabentscheidungsersuchen des österreichischen OGH zurück. Dieser hatte sich mit einem Rechtsstreit zwischen dem AN WD und dessen ehemaliger AG, der job-medium GmbH, auseinanderzusetzen. Konkret weigerte sich die AG, den offenen Urlaubsanspruch des WD bei Beendigung des Arbeitsverhältnisses durch unberechtigten AN-Austritt mit einer Urlaubsersatzleistung abzugelten. Im Zentrum stand daher die Unionsrechtskonformität bzw -widrigkeit von § 10 Abs 2 UrlG. Dies hat in Folge Fragen zur Auslegung von Art 7 AZ-RL und Art 31 Abs 2 GRC aufgeworfen.[387]

386 EuGH 06.11.2018, C-569/16 und C-570/16 (Bauer und Willmeroth) Rz 63.
387 EuGH 25.11.2021, C-233/20 (job-medium) Rz 1 f.

Zugrundeliegender Sachverhalt:[388]

Der AN WD war seit dem 25. Juni 2018 bei der job-medium GmbH beschäftigt, bevor er das Arbeitsverhältnis am 9. Oktober 2018 durch unberechtigten Austritt beendete. Im Beschäftigungszeitraum hatte er einen Urlaubsanspruch in der Höhe von 7,33 Arbeitstagen erworben, wovon er vier Tage in diesem Zeitraum auch verbraucht hatte. Zum Zeitpunkt der Beendigung des Arbeitsverhältnisses hatte der AN WD daher noch einen offenen Urlaubsanspruch von 3,33 Tagen. Betraglich entsprach dies einem Wert von € 322,06. Gestützt auf § 10 Abs 2 UrlG verweigerte die job-medium GmbH die Auszahlung einer Urlaubsersatzleistung, weswegen der AN WD klagte und geltend machte, dass § 10 Abs 2 UrlG gegen EU-Recht verstoße und daher nicht zur Anwendung komme. Sowohl das Erstgericht als auch das Berufungsgericht wiesen die Klage mit Verweis auf § 10 Abs 2 UrlG ab, weswegen WD Revision beim OGH einlegte. Dieser hegte Zweifel an der Vereinbarkeit des § 10 Abs 2 UrlG mit dem Unionsrecht und setzte das Verfahren daher aus, um beim EuGH in Erfahrung zu bringen, ob § 10 Abs 2 UrlG in toto mit dem Unionsrecht vereinbar ist und gegebenenfalls (bei Verneinung der ersten Vorlagefrage), ob und wie AG bei einem für sie nicht vorhersehbaren unberechtigten Austritt AN dazu veranlassen sollen, ihren Urlaubsanspruch tatsächlich wahrzunehmen. Aus dem Vorlagebeschluss[389] des OGH ergibt sich dabei, dass dieser selbst – basierend auf drei Gründen – von der Unionsrechtskonformität von § 10 Abs 2 UrlG ausging: (1) Zunächst müsse der Verlust der Ersatzleistung beim unberechtigten Austritt möglich sein, da die finanzielle Vergütung bei Erfüllung der Urlaubssorgepflicht durch den oder die AG grds erlöschen dürfe und dieser Pflicht im Falle des unberechtigten Austritts nur aus Gründen in der AN-Sphäre faktisch nicht nachgekommen werden könne. (2) Zudem käme es zu einer Verletzung des allgemeinen Rechtsprinzips *ex iniuria ius non oritur*, wenn AN aus einem unberechtigten Austritt (= Vertragsbruch) einen Anspruch auf Urlaubsersatzleistung erlangen würden. (3) Darüber hinaus würde den Zwecken des Urlaubs nicht Rechnung getragen werden, wenn sich AN durch unberechtigten Austritt praktisch den Urlaubsanspruch abkaufen lassen könnten.

Erwägungen des EuGH:

Der EuGH erinnerte zu Beginn seiner Urteilsbegründung an den Wesensgehalt des unionsrechtlichen Jahresurlaubsanspruchs, nach dem das Recht auf bezahlten Jahresurlaub ein bedeutsamer Grundsatz des Sozialrechts der Union ist, der nicht restriktiv ausgelegt werden darf. Während es Sache der MS ist, Voraussetzungen für die Ausübung und Umset-

388 EuGH 25.11.2021, C-233/20 (job-medium) Rz 8–14.
389 OGH 29.04.2020, 9 Ob A 137/19s.

zung des Urlaubsanspruchs aufzustellen, darf die Entstehung des Anspruchs nach der bestehenden Judikatur an keine Voraussetzungen seitens der MS geknüpft werden. Ferner beruht der Urlaubsanspruch auf der Prämisse, dass AN tatsächlich gearbeitet haben und verfolgt den Zweck, diesen einen Zeitraum für Erholung sowie Entspannung und Freizeit zur Verfügung zu stellen. Der als unionssozialrechtliches Grundrecht verankerte Anspruch auf bezahlten Jahresurlaub umfasst dabei zwei Facetten – nämlich den Anspruch auf Jahresurlaub an sich und den Anspruch auf Bezahlung einschließlich des eng verbundenen Anspruchs auf finanzielle Vergütung. Aus seiner bestehenden Rsp ergibt sich sodann, dass Art 7 Abs 2 AZ-RL diese finanzielle Vergütung vorsieht, um zu verhindern, dass AN bei Beendigung des Arbeitsverhältnisses jeglicher Genuss des bezahlten Urlaubsanspruchs, der dann nicht mehr in natura beansprucht werden kann, verwehrt wird. Basierend auf seiner bisherigen Rsp hielt der EuGH daher als Zwischenergebnis abermals fest, dass die finanzielle Vergütung nur zwei Voraussetzungen kennt und der Beendigungsgrund daher nicht maßgeblich ist.[390] Zum konkreten Fall führte der EuGH im Anschluss aus, dass der AN WD tatsächlich gearbeitet und dadurch einen Anspruch auf bezahlten Jahresurlaub erworben hat, von welchem ein Teil bei Ende des Arbeitsverhältnisses noch offen war. Die finanzielle Vergütung dafür wurde ihm rein deswegen verweigert, weil er ohne wichtigen Grund vorzeitig aus dem Arbeitsverhältnis ausgetreten ist. Ausgehend von seinem Zwischenergebnis kam der EuGH daher zu dem Endergebnis, das das Unionsrecht § 10 Abs 2 UrlG entgegensteht. Der Umstand, dass WD das Arbeitsverhältnis von sich aus beendet hat, spielt keine Rolle und wirkt sich daher nicht auf den Anspruch auf finanzielle Vergütung aus.[391] Daraus ergibt sich für den EuGH gleichzeitig, dass AN immer und damit unabhängig von den Gründen des Nichtverbrauchs des Urlaubs in natura einen Anspruch auf finanzielle Vergütung haben, sodass keine Prüfung iS der zweiten Vorlagefrage erforderlich ist.[392]

Einordnung des Urteils in die Rechtsprechung des EuGH:

Dass der Anspruch auf finanzielle Vergütung nur von zwei taxativen Voraussetzungen – nämlich der Beendigung des Arbeitsverhältnisses und einem offenen Urlaubsanspruch – abhängt, hat der EuGH erstmalig in der Rs *Bollacke* statuiert.[393] In der Rs *Maschek* hat er dies bestätigt und explizit festgehalten, dass „*der Grund für die Beendigung des Arbeitsverhältnisses [...] dabei keine Rolle* [spielt].“[394] Der Umstand, dass ein oder eine AN das

[390] EuGH 25.11.2021, C-233/20 (job-medium) Rz 23–32.
[391] EuGH 25.11.2021, C-233/20 (job-medium) Rz 33 ff.
[392] EuGH 25.11.2021, C-233/20 (job-medium) Rz 36 f.
[393] EuGH 12.06.2014, C-118/13 (Bollacke) Rz 23.
[394] EuGH 20.07.2016, C-341/15 (Maschek) Rz 28.

Arbeitsverhältnis von sich aus beendet (zB aufgrund der Beantragung einer Versetzung in den Ruhestand) ist daher für den Anspruch auf finanzielle Vergütung unbeachtlich.[395] Wiederum bestätigt hat der EuGH diese Aussagen in den Rs *Bauer und Willmeroth*.[396] In diese Rechtsprechungslinie, auf welche der EuGH auch verweist, fügt sich die Entscheidung in der Rs *job-medium* wie angegossen ein. Spielt der Beendigungsgrund keine Rolle für die finanzielle Vergütung, muss freilich der Umstand, dass ein oder eine AN das Arbeitsverhältnis von sich aus durch unberechtigten Austritt beendet, gleichermaßen unberücksichtigt bleiben. Diese Rechtsprechungslinie zur finanziellen Vergütung hat aber mit der Rs *job-medium* nicht ihr Ende erreicht: Aktuell sind zwei sehr ähnliche, italienische Vorabentscheidungsverfahren beim EuGH anhängig, die für die Weiterentwicklung bzw Konkretisierung der Rechtsprechungslinie von Relevanz sein dürften.[397] Im Vordergrund steht dabei jeweils die Vorlagefrage, ob eine italienische Regelung, die einem grds generell ausgestaltetem Abgeltungsverbot bei Beendigung des Arbeitsverhältnisses nahe- bzw gleichkommt, mit dem Unionsrecht in Einklang steht. Interessant sind diese Verfahren vor allem, da die zuständige GA *Ćapeta* – ausgehend vom eben Ausgeführtem eher unerwarteterweise – in den Schlussanträgen des ersten Vorabentscheidungsverfahrens zu dem Ergebnis gekommen ist, dass Abgeltungsverbote bei Erfüllung bestimmter Voraussetzungen durchaus zulässig sein können.[398] Es darf daher mit Spannung erwartet werden, wie der EuGH diese Rechtsprechungslinie weiter formen wird und ob ein Entfall der finanziellen Vergütung doch irgendwie möglich ist.

Kritische Würdigung:

Der EuGH ist in seinem Urteil dem Vorschlag des GA *Hogan* gefolgt und hat § 10 Abs 2 UrlG als unionsrechtswidrig eingestuft.[399] Diese Entscheidung des EuGH war auch zu erwarten – dies aber, entgegen der Ansicht von *Pfalz*, nicht, weil der EuGH in Bezug auf das Urlaubsrecht *„eine sehr arbeitnehmerfreundliche Linie vertritt und den Anspruch auf bezahlten Jahresurlaub zu einem ‚zentralen Grundsatz' des Unionsrechts hochstilisiert hat"*[400], sondern weil dieses Ergebnis auch schon von der Meinungsmehrheit im österreichischen Schrifttum vertreten wurde. Ausgehend von der EuGH-Entscheidung in der Rs *Maschek* haben *Auer-Mayer* und *Reissner* § 10 Abs 2 schon vor einiger Zeit als *„unions-*

395 EuGH 20.07.2016, C-341/15 (Maschek) Rz 29.
396 EuGH 06.11.2018, C-569/16 und C-570/16 (Bauer und Willmeroth) Rz 44 f.
397 Vorabentscheidungsersuchen vom 24.03.2022, C-218/22 (Comune di Copertino); Vorabentscheidungsersuchen vom 09.11.2022, C-689/22 (Unione di Comuni Alta Marmilla).
398 GA 08.06.2023, C-218/22 (Comune di Copertino) Rz 60.
399 GA 15.04.2021, C-233/20 (job-medium) Rz 33.
400 *Pfalz*, EvBl 2022/92, 724 (727).

rechtlich bedenklich"[401] bzw *„unionsrechtlich problematisch"*[402] eingestuft. *Auer-Mayer* hat diese Ansicht zu einem späteren Zeitpunkt konkretisiert und nur noch den pauschalen Ausschluss von § 10 Abs 2 UrlG als unionsrechtswidrig angesehen.[403] Von einer Unionsrechtswidrigkeit gingen daneben auch *Erler* und *Mayr* sowie *Mair* aus.[404] Anderer Ansicht waren *Ludvik* und *Friedrich*. Ersterer war unter Verweis auf die Rsp des EuGH in den Rs *Kreuziger* und *Max-Planck-Gesellschaft*, wonach der Urlaubsanspruch nicht völlig unabhängig von den Umständen des Nichtverbrauchs erhalten bleiben muss und die Schaffung von Anreizen, die AN dazu veranlassen, auf den Jahresurlaub in natura zu verzichten, nicht mit dem Unionsrecht vereinbar ist,[405] der Meinung, dass § 10 Abs 2 UrlG mit dem Unionsrecht in Einklang steht.[406] Zweiterer ging von der Unionsrechtskonformität von § 10 Abs 2 UrlG aus, da der EuGH eine Unionsrechtswidrigkeit von Verjährung und Verfall stets nur dann bejaht hatte, wenn AG am Nichtverbrauch in irgendeiner Weise mitverantwortlich waren. Beim ungerechtfertigten Austritt sei ein Verlust der finanziellen Vergütung daher durchaus gerechtfertigt.[407] Wenngleich das Urteil in der Rs *job-medium* mit Blick auf dieses Meinungsbild keine Überraschung war und *Zaversky* es gerade auch aus der Sicht des innerstaatlichen Rechts begrüßte,[408] wurde es im Schrifttum (berechtigterweise) auch kritisiert.

Der erste Kritikpunkt betrifft dabei die Begründung des EuGH: Seine Argumentation wird einerseits als *„bestechend einfach"*[409] bezeichnet – wenngleich *Schrank* dies nicht negativ versteht – und andererseits wird moniert, dass diese nicht überzeugen kann.[410] Tatsächlich hätte sich der EuGH diesbezüglich die Schlussanträge des GA *Hogan* zum Vorbild nehmen können. Diese sind weitaus ausführlicher und gehen dementsprechend auch ordentlich auf die Argumente bzw Einwände des OGH ein. Wenngleich die Argumente

---

401 *Reissner* in Zeller Kommentar zum Arbeitsrecht I^3 § 10 UrlG Rz 19.

402 *Auer-Mayer*, ZAS 2018/3, 12 (19).

403 *Auer-Mayer*, ZAS 2020/22, 126 (133).

404 *Erler*, Urlaubsersatzleistung gebührt auch bei unberechtigtem Austritt, ecolex 2016, 854 (857); *Mair*, Highlights aus der aktuellen Rechtsprechung des EuGH in Arbeits- und Sozialrechtssachen, in Wachter (Hg), Jahrbuch Arbeitsrecht und Sozialrecht 17 (2017) 83 (90); *Mayr/Erler*, Urlaubsgesetz^3 § 10 Rz 7.

405 Vgl EuGH 06.11.2018, C-619/16 (Kreuziger) Rz 37, 49; EuGH 06.11.2018, C-684/16 (Max-Planck-Gesellschaft) Rz 30, 42.

406 *Ludvik*, Urlaubsverfall bei Austritt des Arbeitnehmers ist unionsrechtskonform: § 10 Abs 2 UrlG im Lichte der EuGH-Judikatur, ASoK 2019, 325 (328, 330, 332).

407 *Friedrich*, ASoK 2021, 137 (146).

408 *Zaversky*, Unionsrechtswidrigkeit des Entfalls der Urlaubsersatzleistung, JAS 2022, 168 (173).

409 *Schrank*, EuGH: Neues zum Urlaubsgesetz, RdW 2022/1, 1 (1).

410 *Pfalz*, EvBl 2022/92, 724 (727).

des OGH im Ergebnis nicht überzeugen können,[411] hätte man sich irgendeine Form der Auseinandersetzung mit diesen durch den EuGH schon erwarten dürfen. Dadurch hätte der EuGH zu einer Verbesserung der Rechtslage und damit auch der Rechtssicherheit beitragen können, was wünschenswert gewesen wäre.

Als zweiter Kritikpunkt wird von *Ludvik* angeführt, dass der EuGH mit seinen Ausführungen in der Rs *job-medium* das Primat des Naturalurlaubs aufgebe und die Ersatzleistung entgegen dem Wortlaut von Art 7 Abs 2 AZ-RL auf dieselbe Ebene hebe. Dadurch werde der in Art 7 Abs 1 AZ-RL normierte Regelungsspielraum der MS für die Urlaubsersatzleistung eliminiert.[412] Diese Kritik erscheint jedenfalls überspitzt. Zwar beschränkt der EuGH den Gestaltungsspielraum der MS im Urlaubsrecht stark, von einer tatsächlichen Elimination kann aber wohl noch nicht gesprochen werden. Auch kommt das Urteil keiner Aufgabe des Primats des Naturalurlaubs gleich – immerhin begründet der EuGH hier kein Wahlrecht. Eine finanzielle Vergütung kommt daher nach wie vor nur in Frage, wenn das Arbeitsverhältnis endet und kein Naturalverbrauch mehr möglich ist.

Als dritten, allgemeineren Kritikpunkt beanstandet *Ludvik* zudem die Zulässigkeitsprüfung der Vorlagefragen. Seiner Ansicht nach hat der EuGH *„die Latte, diesen anzurufen, bemerkenswert niedrig an*[setzt].*“*[413] Auf allgemeinerer Ebene kritisiert auch *Marhold*, dass der EuGH die unionsrechtlichen Grenzen des Urlaubsrechts zunehmend ignoriert. Dadurch erhebe er sich zu einem Europäischen Amtsgericht, welches die Einzelheiten na-

411 Anm: Dem ersten Argument des OGH ist entgegenzuhalten, dass sich die Urlaubssorgepflicht des EuGH auf den Verlust des Anspruchs auf bezahlten Jahresurlaub bezieht. Zu einem Verlust der finanziellen Vergütung kann es daher nur kommen, wenn vorher der Anspruch auf bezahlten Jahresurlaub untergegangen ist (EuGH 06.11.2018, C-619/16 (Kreuziger) Rz 35, 54; EuGH 06.11.2018, C-684/16 (Max-Planck-Gesellschaft) Rz 28, 47). § 10 Abs 2 UrlG hingegen führt zu einem Verlust der Ersatzleistung, ohne dass der offene Urlaub davor untergegangen wäre. Der Anspruch auf finanzielle Vergütung verletzt auch nicht das vom OGH ins Treffen geführte Rechtsprinzip. Dieser Anspruch ist dem Anspruch auf bezahlten Jahresurlaub immanent (siehe zB EuGH 06.11.2018, C-569/16 und C-570/16 (Bauer und Willmeroth) Rz 58). Bei Beendigung verwandelt sich daher lediglich der Anspruch auf bezahlten Jahresurlaub in den Anspruch auf finanzielle Vergütung. Der Anspruch auf finanzielle Vergütung wird folglich bereits mit dem Anspruch auf bezahlten Jahresurlaub und nicht erst mit der Beendigung erworben (so auch *Zaversky*, JAS 2022, 168 (174)). Der Anspruch auf Urlaubsersatzleistung bei unberechtigtem Austritt schafft auch keinen unzulässigen Anreiz, auf die Inanspruchnahme des Urlaubs in natura zu verzichten. Wenngleich kritisiert wird, dass der unionsrechtliche Abgeltungsanspruch generell im Widerspruch zu den Urlaubszwecken steht (*Sagan*, ZAS 2019/38, 211 (212)), betrachtet der EuGH den Abgeltungsanspruch als Grundrecht. Ein Anspruch auf finanzielle Vergütung steht daher – solange der EuGH seine Meinung nicht ändert – in keinerlei Widerspruch zum Unionsrecht und ist dementsprechend nicht mit einer verpönten Schaffung von Anreizen gleichzusetzen, die zum Verzicht auf den Urlaubsanspruch führen.

412 *Ludvik*, Urlaubsverfall bei Arbeitnehmeraustritt. Der Urlaubsverfall austretender Arbeitnehmer ist unionsrechtswidrig – gilt das auch für den nationalen Urlaubsteil?, ASoK 2022, 2 (4).

413 *Ludvik*, ASoK 2022, 2 (2).

tionaler Rechtsordnungen nicht mehr den MS überlässt.[414] Dieselben Umstände veranlassten auch *Pfalz* erst kürzlich dazu, die Judikatur des EuGH im Urlaubsrecht als *„überzogen“*[415] zu bezeichnen. Damit ist die allgemeine Kritik aber noch nicht am Ende: *Ludvik* sowie *Pfalz* stufen darüber hinaus auch die Tatsache, dass der EuGH zunehmend Vorgaben aus dem Primärrecht ableitet und unionssozialrechtliche Grundrechte formt und verankert, als *„kritikwürdig“*[416] und *„rechtsstaatlich bedenklich“*[417] ein.

Abseits der Kritikpunkte wurden im Schrifttum auch die Auswirkungen des Urteils auf die österreichische Rechtslage diskutiert. Zum einen wurde im Schrifttum aus dem Urteil und der Unionsrechtslage richtigerweise abgeleitet und anschließend auch vom OGH bestätigt, dass die nationalen Gerichte § 10 Abs 2 UrlG aufgrund seiner Unionsrechtswidrigkeit und mangels richtlinienkonformer Interpretationsmöglichkeit im Hinblick auf den unionsrechtlichen Mindesturlaubsanspruch von vier Wochen unangewendet lassen müssen und aufgrund von Art 7 Abs 2 AZ-RL und/oder Art 31 Abs 2 GRC dafür sorgen müssen, dass AN bei allen Arten der Beendigung des Arbeitsverhältnisses eine Urlaubsersatzleistung für offenen Jahresurlaub zukommt.[418] Gleiches gilt auch für die zeitwidrige AN-Kündigung,[419] die in der Vergangenheit grds dem unberechtigten Austritt gleichgehalten wurde, sodass der Anspruch auf Urlaubsersatzleistung verloren ging.[420] Zum anderen wurde berechtigterweise auch darauf hingewiesen, dass das Urteil Rückwirkung entfaltet, sodass für vergangene unberechtigte Austritte und zeitwidrige Kündigungen eine Urlaubsersatzleistung noch geltend gemacht werden kann, insofern die Ansprüche noch nicht verjährt oder verfallen sind, wobei die COVID-19-bedingte Fortlaufhemmung zu beachten ist.[421]

---

414 *Marhold*, Wie kleinteilig soll EuGH-Rechtsprechung sein?, ZESAR 1/2022, I (I).

415 *Pfalz*, EvBl 2022/92, 724 (727).

416 *Ludvik*, ASoK 2022, 2 (6).

417 *Pfalz*, EvBl 2022/92, 724 (728).

418 OGH 17.02.2022, 9 Ob A 147/21i; OGH 17.02.2022, 9 Ob A 150/21f; OGH 22.02.2022, 8 Ob A 95/21k; OGH 22.02.2022, 8 Ob A 99/21y; OGH 29.06.2022, 8 Ob A 37/22g; *Auer-Mayer*, DRdA 2023, 179 (188); *Wachter,* Urlaubsersatzleistung auch bei ungerechtfertigtem vorzeitigen Austritt, in Wachter (Hg), Jahrbuch Arbeitsrecht und Sozialrecht 22 (2022) 175 (179); *Zaversky*, JAS 2022, 168 (175 ff). Im Ergebnis ähnlich *Ludvik*, ASoK 2022, 2 (6 f). Schon vor dem Urteil zu diesem Ergebnis kommend *Erler*, ecolex 2016, 854 (857); *Erler*, ÖZPR 2019/3, 4 (5); *Mayr/Erler*, Urlaubsgesetz[3] § 10 Rz 7.

419 *Wachter* in Wachter, Jahrbuch Arbeitsrecht und Sozialrecht 22, 175 (180).

420 Vgl *Cerny*, Urlaubsrecht[10] § 10 Erl 10, 13; *Reissner* in Zeller Kommentar zum Arbeitsrecht I[3] § 10 UrlG Rz 21.

421 *Erler*, EuGH: Ein offener Urlaubsanspruch ist unabhängig von der Beendigungsart des Arbeitsverhältnisses auszubezahlen!, ÖZPR 2021/100, 170 (170); *Lindmayr*, Anspruch auf Urlaubsersatzleistung bei Beendigung des Dienstverhältnisses, ARD 6821/6/2022, 3 (4); *Ludvik*, ASoK 2022, 2 (8 f); *Schrank*, Ausgewähltes Judikatur-Update 2022, ZAS 2023/22, 104 (109); *Tinhof*, EuGH: Urlaubsersatzleistung auch bei unberechtigtem vorzeitigem Austritt, DRdA-infas 2022/14, 30 (30); *Wach-*

6.2.2. Österreichische Rechtslage – § 10 Abs 2 Urlaubsgesetz

> *„Eine Ersatzleistung gebührt nicht, wenn der Arbeitnehmer ohne wichtigen Grund vorzeitig austritt.“* (§ 10 Abs 2 UrlG alt)
> *„Abweichend von Abs. 1 gebührt im Fall eines unberechtigten vorzeitigen Austritts keine Ersatzleistung für die fünfte und sechste Woche des Anspruchs auf Urlaub aus dem laufenden Urlaubsjahr.“* (§ 10 Abs 2 UrlG neu)

Wie bereits erwähnt ist § 10 UrlG der Urlaubsersatzleistung gewidmet. Diese steht AN für offenen Urlaub normalerweise zu, wenn das Arbeitsverhältnis endet (Abs 1). Bis zur Novellierung durch das BGBl I 167/2022 war in § 10 Abs 2 UrlG vorgesehen, dass die Urlaubsersatzleistung bei Beendigung des Arbeitsverhältnisses durch unberechtigten Austritt entfällt. Mit der Novellierung wurde diese Rechtsfolge auf die fünfte und gegebenenfalls sechste Urlaubswoche beschränkt. Der Gesetzgeber hat daher inzwischen auf das eben ausführlich besprochene EuGH-Urteil in der Rs *job-medium* reagiert und ist damit seiner Verpflichtung gem Art 4 Abs 3 EUV, die innerstaatliche Rechtslage zu bereinigen, nachgekommen.[422] Wie dem Wortlaut von § 10 Abs 2 UrlG neu entnommen werden kann, hat sich der Gesetzgeber dabei für eine Zweiteilung entschieden, welcher das Schrifttum generell eher ablehnend gegenübersteht.[423] Klar ist nun immerhin, dass die Urlaubsersatzleistung für die fünfte und sechste Urlaubswoche des laufenden Urlaubsjahrs bei unberechtigtem Austritt und wohl auch bei zeitwidriger AN-Kündigung[424] entfällt. Offener Urlaub aus vorangegangenen Urlaubsjahren ist von dieser Rechtsfolge nicht betroffen. Für diesen steht die Ersatzleistung in vollem Ausmaß zu, sofern er noch nicht verjährt ist (§ 10 Abs 3 UrlG).[425]

Eingeführt wurde § 10 Abs 2 UrlG alt seinerzeit durch das ARÄG 2000, wobei bereits in der Stammfassung des UrlG ähnliche Regelungen vorgesehen waren. In den Materialien zur Stammfassung wurde dazu begründend nur festgehalten, dass AN beim unberechtigten

ter in Wachter, Jahrbuch Arbeitsrecht und Sozialrecht 22, 175 (179 f); *Zaversky*, JAS 2022, 168 (178).

422 Vgl *Erler*, ecolex 2016, 854 (857); *Kahl* in EUV/AEUV Kommentar[6] Art 4 EUV Rz 118; *Klamert/Stöger* in EUV/AEUV Art 4 EUV Rz 113; *Mair* in Wachter, Jahrbuch Arbeitsrecht und Sozialrecht 17, 83 (90); *Wachter* in Wachter, Jahrbuch Arbeitsrecht und Sozialrecht 22, 175 (178); *Zaversky*, JAS 2022, 168 (177).

423 Siehe zB *Erler*, ecolex 2019, 166 (168); *Erler*, ÖZPR 2019/3, 4 (6); *Mayr/Erler*, Urlaubsgesetz[3] § 5 Rz 18; *Niksova*, wbl 2022, 481 (487, 490); *Zaversky*, JAS 2022, 168 (177).

424 Vgl *Cerny*, Urlaubsrecht[10] § 10 Erl 10, 13; *Reissner* in Zeller Kommentar zum Arbeitsrecht I[3] § 10 UrlG Rz 21.

425 Anm: § 10 Abs 3 UrlG wurde erst mit dem ARÄG 2000 (BGBl I 44/2000) eingeführt. Dass offene Urlaubsansprüche aus früheren Jahren nicht von § 10 Abs 2 UrlG idF BGBl 390/1976 berührt werden, wurde aber schon davor vom OGH klargestellt (OGH 02.12.1987, 9 Ob A 154/87).

Austritt ein Verschulden am Nichtverbrauch des Urlaubs trifft.[426] Mitunter aus diesem Grund dürfte § 10 Abs 2 UrlG alt vom OGH sowohl ein pönalisierender Charakter[427] als auch ein wirtschaftlicher Zweck (iS einer finanziellen Entlastung des oder der AG)[428] zugeschrieben worden sein, welche mE auch noch der neuen Fassung immanent sind. Sowohl die alte als auch die neue Fassung von § 10 Abs 2 UrlG soll AN daher von einer unberechtigten vorzeitigen Vertragsauflösung abhalten und den oder die AG zu einem gewissen Grad finanziell entlasten.[429] In diesem Zusammenhang ist es interessant, dass der Verlust der Urlaubsersatzleistung bei unberechtigtem Austritt im Ministerialentwurf zum ARÄG 2000 eigentlich nicht mehr vorgesehen war.[430] Dies wurde jedoch seitens der Wirtschaftskammer und Industriellen-Vereinigung kritisiert,[431] sodass diese pönalisierende Bestimmung letztlich doch ihren Weg zurück in den verabschiedeten Gesetzestext gefunden hat.

Aufgrund seines Wesens und seiner Systematik wurde § 10 Abs 2 UrlG alt im Schrifttum auch schon aus rein innerstaatlicher Perspektive hinterfragt und aufgrund von primär drei kritischen Argumenten als bedenklich qualifiziert. Diese Bedenken treffen auf § 10 Abs 2 UrlG neu noch gleichermaßen zu, wenngleich (aufgrund der Beschränkung auf die fünfte und sechste Woche) nicht mehr in derselben Schwere. Dabei wird in der Literatur zunächst der wirtschaftliche Zweck von § 10 Abs 2 UrlG kritisiert: Entständen dem oder der AG durch den unberechtigten Austritt tatsächlich finanzielle Schäden, könnte dafür ohnehin gem § 28 AngG bzw § 1162a ABGB Schadenersatz geltend gemacht werden. Beim schadensunabhängigen § 10 Abs 2 UrlG würde daher eindeutig ein Strafcharakter im Vordergrund stehen.[432] Er wirke daher *„indirekt wie eine (verdeckte) gesetzlich normierte Konventionalstrafe"*[433], was aus zwei Gründen problematisch zu sehen sei: Zum einen unterliege § 10 Abs 2 UrlG als Quasi-Konventionalstrafe nicht dem richterlichen Mäßigungsrecht, und zum anderen handle es sich dabei um eine einseitige Pönale.[434] Dem zweiten Argument kann dabei nicht zugestimmt werden, da AG beim äquivalent vertragswidrigen Verhalten – einer unberechtigten Entlassung – durchaus auch einer pönalisierenden Bestimmung unterliegen. Der Kündigungsentschädigung nach § 29 AngG bzw

---

426 ErlRV 150 BlgNR XIV. GP, 11.
427 OGH 02.12.1987, 9 Ob A 154/87; OGH 05.05.1999, 9 Ob A 60/99k.
428 OGH 29.04.2020, 9 Ob A 137/19s.
429 Vgl *Cerny*, Urlaubsrecht[10] § 10 Erl 13; *Mayr/Erler*, Urlaubsgesetz[3] § 10 Rz 5; *Reissner* in Zeller Kommentar zum Arbeitsrecht I[3] § 10 UrlG Rz 19.
430 21/ME XXI. GP, 7.
431 Stellungnahme der Industriellen-Vereinigung (8/SN-21/ME) 5; Stellungnahme der Wirtschaftskammer (10/SN-21/ME) 7.
432 GA 15.04.2021, C-233/20 (job-medium) Rz 29; *Zaversky*, JAS 2022, 168 (174).
433 *Zaversky*, JAS 2022, 168 (174).
434 *Zaversky*, JAS 2022, 168 (174).

§ 1162b ABGB werden nämlich (vor allem aufgrund der Schadensunabhängigkeit des dreimonatigen anrechnungsfreien Zeitraums) im Schrifttum richtigerweise auch pönalisierende Charaktereigenschaften zugesprochen.[435] Darüber hinaus ist auch die Kündigungsentschädigung dem richterlichen Mäßigungsrecht nicht zugänglich.[436] Basierend auf diesen Ausführungen könnte man nun durchaus dazu verleitet sein, § 10 Abs 2 UrlG im Lichte eines fairen Ausgleichs zwischen AG und AN als gerechtfertigt anzusehen. Immerhin hätten es AG – primär aufgrund der Beweislast – um einiges schwieriger, wenn es § 10 Abs 2 UrlG nicht gäbe und AG nur ein Rückgriff auf den Schadenersatz nach § 28 AngG bzw § 1162a ABGB offenstände.[437] Dieser Ansicht ist jedoch der Zweck des Arbeitsrechts entgegenzuhalten: Ziel des Arbeitsrechts ist es nämlich nicht, eine Gleichbehandlung von AG und AN in allen Hinsichten sicherzustellen, sondern AN aufgrund ihrer wirtschaftlichen Abhängigkeit vor den Konsequenzen einer uneingeschränkten Privatautonomie zu schützen.[438] Es ist daher auch eine Rechtslage als legitim anzusehen, in der AG beim unberechtigten AN-Austritt schlechter gestellt sind als AN bei der unberechtigten AG-Entlassung. Vor diesem Hintergrund wird der wirtschaftliche Zweck zurecht kritisch gesehen und kann dieser die Existenz von § 10 Abs 2 UrlG auch nicht rechtfertigen.

Aus innerstaatlicher Perspektive bedenklich sind darüber hinaus die Wertungswidersprüche, welchen § 10 Abs 2 UrlG unterliegt, welche aber – soweit ersichtlich – bis zur Rs *job-medium* nicht vor den österreichischen Höchstgerichten debattiert wurden. Der erste Wertungswiderspruch ergibt sich dabei direkt aus dem Wortlaut von § 10 Abs 1 UrlG, welcher für den Fall eines unberechtigten Austritts eine Rückzahlungspflicht nur für überaliquot und nicht auch aliquot konsumierten Jahresurlaub normiert. § 10 Abs 2 UrlG hingegen statuiert auch einen Verlust der Urlaubsersatzleistung für offene Urlaubsansprüche des laufenden Jahres, die AN aliquot zustehen würden.[439] In der Praxis führt dies zu einer Ungleichbehandlung von AN, die unberechtigt vorzeitig austreten:[440] AN, die ihren Urlaubsanspruch des laufenden Urlaubsjahres bereits dem aliquoten Ausmaß entsprechend in natura verbraucht haben und damit keiner Rückzahlungspflicht unterliegen, wird dieser Urlaubsanspruch nicht rückwirkend entzogen. AN, die ihren laufenden Urlaubsanspruch nicht (zur Gänze) wahrgenommen haben, werden hingegen genau mit dieser Konsequenz

---

435 *Weber*, Die Kündigungsentschädigung: Ein Schadenersatz mit pönalen Elementen – am Beispiel der Nichtanrechnung nach § 29 Abs 2 AngG, JAP 2018/2019/3, 29 (33).

436 *Weber*, JAP 2018/2019/3, 29 (33).

437 *Ludvik*, ASoK 2019, 325 (331).

438 *Löschnigg*, Arbeitsrecht[13] (2017) Rz 1/014 ff; *Marhold/Brameshuber/Friedrich*, Österreichisches Arbeitsrecht[4] (2021) 1.

439 *Cerny*, Urlaubsrecht[10] § 10 Erl 13; *Drs*, Urlaubsrecht[11] § 10 Rz 32.

440 *Drs*, Neues aus dem Arbeits- und Sozialrecht. Das Arbeitsrechtsänderungsgesetz 2000, RdW 2000/453, 479; *Erler*, ecolex 2016, 854 (857); *Mathy*, Teilabschied von § 10 Abs 2 UrlG, DRdA 2022/43, 505 (508).

konfrontiert – ihnen wird der Genuss des Urlaubsanspruchs (zum Teil) gänzlich verwehrt. Diese Ungleichbehandlung erscheint willkürlich und sachlich ungerechtfertigt, sodass *Erler* in seiner Ansicht zuzustimmen ist, dass § 10 Abs 2 UrlG im Hinblick auf den Gleichheitssatz bedenklich ist.[441]

Der zweite Wertungswiderspruch ergibt sich aus einer Gegenüberstellung des unberechtigten Austritts mit der verschuldeten Entlassung. Während diese beiden Beendigungsarten im Hinblick auf ihre Rechtsfolgen in § 10 Abs 1 UrlG bzgl der Rückzahlungspflicht überaliquot konsumierten Jahresurlaubs noch gleichgestellt sind, schließt § 10 Abs 2 UrlG die Ersatzleistung nur für den unberechtigten Austritt aus. Der in der Literatur teilweise vertretenen Ansicht, dass die verschuldete Entlassung hinsichtlich des Verlusts der Urlaubsersatzleistung dem unberechtigten Austritt gleichzuhalten ist,[442] ist nicht zu folgen. Denn für die hM, dass die verschuldete Entlassung die Urlaubsersatzleistung nicht ausschließt,[443] sprechen die subjektiv-historischen Gründe, aufgrund derer eine Gesetzeslücke auszuschließen ist.[444] Im Übrigen hat sich auch der OGH schon vor einiger Zeit der hM angeschlossen.[445] Im Ergebnis kommt es daher in Bezug auf die Urlaubsersatzleistung durchaus zu einer Ungleichbehandlung zwischen verschuldeter Entlassung und unberechtigtem Austritt, welche wertungsmäßig nicht nachvollziehbar ist.[446] Unterstrichen wird dies ferner durch die Tatsache, dass die verschuldete Entlassung und der unberechtigte Austritt im Hinblick auf alle anderen relevanten Rechtsfolgen ansonsten durchwegs gleich behandelt werden,[447] wie dies nachstehender Tabelle 2 entnommen werden kann. Wenngleich *Gerhartl* dennoch die Auffassung vertritt, dass diese Ungleichbehandlung *„keine in die Verfassungssphäre reichende Unsachlichkeit"*[448] begründet, ist § 10 Abs 2 UrlG aufgrund der vorstehenden Argumente insgesamt trotzdem als sehr bedenklich zu qualifizieren.

441 *Erler*, ecolex 2016, 854 (857).

442 Siehe zB *Marhold*, Keine Urlaubsabfindung bei verschuldeter Entlassung, RdW 1988, 49 (49 f).

443 Siehe zB *Cerny*, Urlaubsrecht[10] § 10 Erl 11; *Drs*, Urlaubsrecht[11] § 10 Rz 32; *Gerhartl*, Urlaubsrecht § 10 Rz 82; *Reissner* in Zeller Kommentar zum Arbeitsrecht I[3] § 10 UrlG Rz 22.

444 *Mayr/Erler*, Urlaubsgesetz[3] § 10 Rz 6; *Reissner* in Zeller Kommentar zum Arbeitsrecht I[3] § 10 UrlG Rz 22.

445 OGH 10.05.1989, 9 Ob A 75/89.

446 *Schrank*, Urlaubsgesetz § 10 Rz 17.

447 Vgl *Mathy*, DRdA 2022/43, 505 (508); *Schrank*, Urlaubsgesetz § 10 Rz 17.

448 *Gerhartl*, Urlaubsrecht § 10 Rz 84.

Rechtsfolgen	Verschuldete Entlassung	Unberechtigter Austritt
Schadenersatzpflicht	✓ § 28 AngG/ § 1162a ABGB	✓ § 28 AngG/ § 1162a ABGB
Verlust der Abfertigung alt	✓ § 23 Abs 7 AngG	✓ § 23 Abs 7 AngG
Verfügungssperre der Abfertigung neu	✓ § 14 Abs 2 Z 2 BMSVG	✓ § 14 Abs 2 Z 3 BMSVG
Verlust bzw Rückzahlungspflicht der Sonderzahlungen bei Arbeitern und Arbeiterinnen	✗	✗
Sperre des Arbeitslosengeldes	✓ § 11 Abs 1 AlVG	✓ § 11 Abs 1 AlVG
Urlaubsersatzleistung für offenen Urlaub	✓ § 10 Abs 1 UrlG	✗ § 10 Abs 2 UrlG
Rückzahlungspflicht für überaliquot konsumierten Jahresurlaub	✓ § 10 Abs 1 S 3 Z 2 UrlG	✓ § 10 Abs 1 S 3 Z 1 UrlG

Tabelle 2: Gegenüberstellung der Rechtsfolgen einer verschuldeten Entlassung und eines unberechtigten Austritts (Quelle: Eigene Darstellung)

6.2.3. Gegenüberstellung und unionsrechtliche Beurteilung

Aus der Unionsrechtsprechung zur finanziellen Vergütung ergibt sich eindeutig, dass die finanzielle Vergütung nur von zwei Voraussetzungen (Beendigung des Arbeitsverhältnisses, offener Urlaubsanspruch) abhängt und der Beendigungsgrund keine Rolle spielt. Entfällt die Urlaubsersatzleistung – wie in § 10 Abs 2 UrlG alt – bei einem ungerechtfertigten AN-Austritt zur Gänze, ist dies folglich nicht mit dem Unionsrecht vereinbar. Diese Unvereinbarkeit von § 10 Abs 2 UrlG alt mit dem Unionsrecht hat der österreichische Gesetzgeber inzwischen saniert. Ein Entfall der Urlaubsersatzleistung ist in Österreich nun nur noch hinsichtlich der fünften und sechsten Urlaubswoche vorgesehen. Da nach dem Unionsrecht (Rs *TSN und AKT*) die urlaubsrechtlichen Vorgaben nur im Hinblick auf den vierwöchigen Mindesturlaubsanspruch erfüllt werden müssen, steht § 10 Abs 2 UrlG neu nicht mehr in Widerspruch zum Unionsrecht.[449] Wenngleich § 10 Abs 2 UrlG neu folglich als unionsrechtskonform einzustufen ist, ist die Bestimmung aus innerstaatlicher Perspektive nach wie vor bedenklich und führt zu einer zweigeteilten, uneinheitlichen Rechtslage.

449 So auch *Auer-Mayer*, DRdA 2023, 179 (188); *Auer-Mayer*, Urlaubsersatzleistung, in RDB Keywords (2023) Rz 8; *Brameshuber*, Urlaubsersatzleistung bei unberechtigtem vorzeitigem Austritt für die ersten vier Urlaubswochen, ZAS 2022/36, 221 (226); *Niksova*, wbl 2022, 481 (490).

Dritter Teil: Schluss

7. Überblick über die wichtigsten Ergebnisse

Ziel dieses Buches war es, zu untersuchen, ob das UrlG in bestimmten in der EuGH-Rsp wiederkehrenden Bereichen noch den unionsrechtlichen Vorgaben entspricht. Zu diesem Zweck wurden das Urlaubsrecht der Union und die korrespondierenden Bestimmungen im UrlG kritisch auf mögliche Widersprüche überprüft. Zusammenfassend kann diesbezüglich festgehalten werden:

In den Grundzügen ist das UrlG mit dem in Art 7 AZ-RL und Art 31 Abs 2 GRC verankerten unionsrechtlichen Anspruch auf bezahlten Jahresurlaub von vier Wochen vereinbar. Beim unionsrechtlichen Urlaubsanspruch handelt es sich um einen unmittelbar aus der AZ-RL abzuleitenden, unabdingbaren, zweiteiligen Anspruch (Anspruch auf Freistellung und Bezahlung eines Urlaubsentgelts, das dem gewöhnlichen Arbeitsentgelt entspricht), der sich (nur) im Falle der Beendigung des Arbeitsverhältnisses zwingend in einen Anspruch auf finanzielle Vergütung verwandelt. Der unionsrechtliche Urlaubsanspruch ist zudem unmittelbar anwendbar – über Art 31 Abs 2 GRC auch zwischen Privaten. Mit diesen grundlegenden Vorgaben steht der österreichische Anspruch auf fünf- bzw sechswöchigen Urlaub, während dessen Verbrauch das Entgelt nach dem fiktiven Ausfallsprinzip fortgezahlt wird, in Einklang. Wie auch im Unionsrecht unterliegt der Urlaubsanspruch in Österreich einem Ablöseverbot; allein im Falle der Beendigung ist eine finanzielle Ersatzleistung vorgesehen.

In den beiden Spannungsfeldern rund um die finanzielle Vergütung ist das UrlG (inzwischen) unionsrechtskonform. Dass im Todeszeitpunkt des oder der AN offene Urlaubsansprüche als finanzielle Vergütung auf die Rechtsnachfolger und Rechtsnachfolgerinnen übergehen müssen, ist in Österreich schon lange so vorgesehen – gem § 10 Abs 5 UrlG gebührt die Urlaubsersatzleistung den Erben und Erbinnen, wenn das Arbeitsverhältnis durch Tod des oder der AN endet. Seit Kurzem entfällt die Urlaubsersatzleistung bei ungerechtfertigtem AN-Austritt auch nur noch hinsichtlich der fünften und sechsten Urlaubswoche (§ 10 Abs 2 UrlG). Nach dem UrlG steht die Urlaubsersatzleistung für den unionsrechtlich determinierten Mindestanspruch von vier Wochen daher nun – dem Unionsrecht entsprechend – in allen Fällen zu, in denen das Arbeitsverhältnis endet und noch Urlaub offen ist.

In den verbleibenden drei Spannungsfeldern steht das UrlG hingegen in Widerspruch zum Unionsrecht. Im Spannungsfeld „Jahresurlaub und Krankenstand“ ist § 5 UrlG dann unionsrechtswidrig, wenn es durch dessen Anwendung zu einer Beschneidung des unionsrechtlichen Mindesturlaubsanspruchs kommt. Dies gilt nach der Unionsrechtsprechung jedenfalls für die nach § 5 UrlG vorausgesetzte Mindesterkrankungsdauer. Die Verschuldensvoraussetzung sowie die anderen Voraussetzungen erscheinen aber ebenso unionsrechtlich problematisch zu sein. Im Spannungsfeld „Jahresurlaub und Änderung des Beschäftigungsausmaßes" liegt die Unionsrechtswidrigkeit weniger im UrlG selbst als in dessen Auslegung durch Rsp und Lehre. Die Praxis, wonach Urlaubstage bei Änderung des Beschäftigungsausmaßes in bestimmten Konstellationen gekürzt werden, steht in Widerspruch zum Unionsrecht. Gleichermaßen unionsrechtswidrig ist, dass bei einem Wechsel von Voll- auf Teilzeit für offene Urlaubsansprüche aus der Vollzeittätigkeit nur noch das Teilzeitentgelt zusteht. Im Spannungsfeld „Jahresurlaub und Verjährung bzw Verfall" ist letztlich § 4 Abs 5 UrlG, der vorsieht, dass der volle Urlaubsanspruch jeweils nach einer dreijährigen Verjährungsfrist verjährt, nicht mit dem Unionsrecht vereinbar, aus welchem sich ergibt, dass der unionsrechtliche Mindesturlaubsanspruch nur verjähren bzw verfallen kann, wenn AG ihrer vom EuGH etablierten Urlaubssorgepflicht nachkommen.

8. Schlussbetrachtung und Ausblick

Im Lichte der eben zusammengefassten Ergebnisse ergibt sich für die Schlussbetrachtung, dass es um die Unionsrechtskonformität des UrlG heute schon besser steht als in der Vergangenheit. In drei wichtigen Bereichen steht das UrlG aber nach wie vor nicht in Einklang mit dem Unionsrecht. Da Urteile des EuGH rechtlich bindend sind, gilt in diesen drei Bereichen aktuell nicht das UrlG, sondern das Unionsrecht bzw hätte zumindest unter Beachtung der EuGH-Judikatur zu gelten – dies unabhängig davon, dass die Kritik an der EuGH-Rsp in vielen Punkten gerechtfertigt und die Rsp speziell im Bereich „Jahresurlaub und Änderung des Beschäftigungsausmaßes" unverständlich ist.[450] Denn während sich der OGH im Bereich „Jahresurlaub und Verjährung bzw Verfall" dem EuGH angeschlossen hat, gab es im Bereich „Jahresurlaub und Änderung des Beschäftigungsausmaßes" bisher noch keine Judikaturwende des OGH. Dies ist kritisch zu sehen. Immerhin wurde dadurch die Vorlagepflicht (Art 267 AEUV) verletzt und wie jede Verletzung einer vertraglichen Pflicht kann auch diese Verletzung von der Kommission mit einem Vertragsverletzungsverfahren verfolgt werden.[451] Die Verletzung der Vorlagepflicht ist zudem einer Verletzung des verfassungsgesetzlich gewährleisteten Rechts auf den gesetzlichen Richter (Art 83 Abs 2 B-VG) sowie einer Verletzung des verfassungsgesetzlich gewährleisteten

[450] Vgl *Auer-Mayer*, DRdA 2023, 179 (188 f).
[451] *Schima* in Jaeger/Stöger (Hg), EUV/AEUV (2020) Art 267 AEUV Rz 118.

Rechts auf ein faires Verfahren (Art 6 EMRK) gleichzuhalten.[452] Darüber hinaus ist die OGH-Rsp bedenklich, weil sie für Rechtsunsicherheit in der Praxis sorgt. Zum einen ist unsicher, ob AN in der Zukunft nicht Staatshaftungsklagen erheben werden. Zum anderen kann nicht ausgeschlossen werden, dass es noch zu weiteren, einschlägigen (gegebenenfalls auch österreichischen) Vorlageverfahren kommt.[453] Auch in Anbetracht der anhängigen Vorlageverfahren zum Urlaubsrecht ist eher davon auszugehen, dass die Unionsrechtsprechung zum Urlausbrecht so schnell noch kein Ende finden wird.

Durch diese gemischte Rechtslage zwischen Unionsrecht und UrlG kommt es aktuell auch in einigen Bereichen zu einer Belastung für die AG und zu einer Meistbegünstigung der AN, da EuGH und UrlG bzw OGH ihre Schwerpunkte für arbeitnehmerfreundliche Regelungen oftmals gegengleich setzen.[454] Dort, wo UrlG und OGH arbeitnehmerfreundlicher sind, (Verjährungshemmung bei Langzeitkrankenstand; Aufwertungsgebot bei Wechsel von Teil-auf Vollzeit) verdrängt die nationale Rechtslage den weniger strikten EuGH. Dort hingegen, wo der EuGH arbeitnehmerfreundlicher ist (Abwertungsverbot bei Wechsel von Voll- auf Teilzeit), kommt es zum Vorrang des Unionsrechts. Aufgrund dieser Dynamik ist die aktuelle Rechtslage in Österreich im Ergebnis viel arbeitnehmerfreundlicher, als es das Unionsrecht verlangt.

Dabei ist diese gemischte Rechtslage aber auch für die AN nicht optimal. Diese müssen nämlich wissen, dass ihnen teilweise weitergehende Rechte als nach dem UrlG zustehen und sie sich bzgl deren Geltendmachung gegebenenfalls nicht auf das UrlG stützen können, sondern direkt auf Unionsrechtsprechung und Unionsrecht berufen müssen.[455] Die aktuelle Rechtslage ist daher trotz Verpflichtung zur richtlinienkonformen Interpretation bzw Anwendungsvorrang des Unionsrechts auch für AN mit Rechtsunsicherheit verbunden.

Insgesamt gilt es daher die Widerspruchslage im UrlG zu bereinigen und dieses in Einklang mit dem Unionsrecht zu bringen. Dazu ist Österreich nach Art 4 EUV auch verpflichtet.[456] Bewerkstelligen ließe sich dies grds schon mit einer kleinen Gesetzesreform.[457] Nachdem das UrlG aber an sich nicht widerspruchsfrei ist, in mancher Hinsicht nicht die gewünschte Wirkung entfaltet und teilweise keine expliziten Regelungen für die moderne Arbeitswelt enthält, wird im Schrifttum aber auch schon länger auf den allgemeinen Reformbedarf des UrlG hingewiesen. Die erforderliche Bereinigung des UrlG aus uni-

452 *Schima* in EUV/AEUV Art 267 AEUV Rz 121 f.
453 Vgl *Auer-Mayer*, DRdA 2023, 179 (189).
454 Vgl *Auer-Mayer*, DRdA 2023, 179 (189); *Kietaibl*, JRP 2021, 221 (227).
455 Vgl *Auer-Mayer*, DRdA 2023, 179 (189).
456 EuGH 15.10.1986, C-168/85 (Kommission/Italien); *Kahl* in EUV/AEUV Kommentar[6] Art 4 EUV Rz 118; *Klamert/Stöger* in EUV/AEUV Art 4 EUV Rz 113.
457 *Gerhartl*, DRdA 2013/34, 337 (341); *Wachter* in Wachter, Jahrbuch Arbeitsrecht und Sozialrecht 22, 175 (178).

onsrechtlicher Sicht würde daher durchaus eine hervorragende Gelegenheit für eine umfassendere Reform bieten, im Rahmen derer das UrlG auch modernisiert und für die Praxis transparenter gestaltet werden könnte.[458] Eine Modernisierung wäre jedenfalls wünschenswert. Immerhin handelt es sich beim UrlG um ein Gesetz, das der heutigen Zeit entsprechen soll, und kein historisches Ausstellungsstück. Im Zuge einer solchen Reform bzw Modernisierung könnte mE nach rund 40 Jahren, in welchen sich die Arbeitswelt stark verändert hat, und im Lichte der in der Einleitung dieses Buches angesprochenen Vorteile des Urlaubs auch wieder einmal darüber nachgedacht werden, den Urlaubsanspruch zu erhöhen.

9. Handlungsempfehlungen für die Praxis

Da bestimmte Regelungen im UrlG als unionsrechtswidrig einzustufen sind, der Gesetzgeber bisher aber weitestgehend untätig geblieben ist und sich teilweise sogar der OGH dem EuGH widersetzt, stellt sich in der Praxis die Frage, wie AG, aber auch AN in diesen Zeiten der Rechtsunsicherheit vorgehen sollen.

Für die AG-Seite ergibt sich aus der Unionsrechtsprechung, dass der Erfüllung der Urlaubssorgepflicht die größte und essenziellste Bedeutung zukommen muss.[459] Durch ein pflichtgemäßes Verhalten können AG jene finanziellen und organisatorischen Probleme vermeiden, zu welchen es ansonsten im Rahmen der Urlaubsverjährung und der Änderung des Beschäftigungsausmaßes kommen kann. Dazu müssen AG ihre AN jedenfalls zum Urlaubsverbrauch auffordern und diese auf die Verjährung ihrer Urlaubsansprüche aufmerksam machen. Aufforderung und Hinweis reichen aber sicher dann nicht für eine tatsächliche Urlaubsverjährung aus, wenn gleichzeitig die Arbeitsbelastung der AN so stark gesteigert wird, dass sich diese nicht in der Lage sehen, tatsächlich Urlaub zu nehmen. Zur Sicherheit sollen AG daher allgemein dafür sorgen, dass den AN ein Urlaubskonsum wirklich möglich ist. Beispielsweise auch indem eine Vertretungskraft für den oder die AN organisiert wird. Mit Blick auf Urlaubsaufforderung und Verjährungshinweis genügen zudem weder abstrakte Angaben im Arbeits- oder Kollektivvertag oder einem Merkblatt noch eine einmalige Handlung des oder der AG am Anfang des Arbeitsverhältnisses.[460]

---

458 Siehe zB *Auer-Mayer*, DRdA 2023, 179 (189); *Kozak*, DRdA 2015/24, 190 (199); *Steiner*, DRdA 2015, 312 (316); *Tomandl*, Unklarheiten im Urlaubsrecht, ZAS 2013/9, 49 (49).

459 So auch *Mazal*, ecolex 2023/552, 871 (871); *Schrenk*, PV Profi 2022/4, 6 (7 f); *Vanek*, Verjährung von Urlaubsansprüchen, AnwBl 2023/340, 742 (744).

460 *Niksova*, wbl 2022, 481 (484) mwN.

Zu empfehlen ist stattdessen *Gerhartls* Ampelsystem:[461] Nach diesem sind die AN bereits im Jahr der Urlaubsentstehung (= erstes Jahr) auf den bestehenden Urlaub aufmerksam zu machen und aufzufordern, diesen im Laufe des Jahres zu verbrauchen. Wird dem nicht (zur Gänze) entsprochen, sind die AN zu Beginn des zweiten Jahres noch einmal deutlicher aufzufordern, den offenen Urlaub aus dem Vorjahr in diesem Jahr (= zweites Jahr) zu konsumieren. Ist der Urlaub zu Beginn des dritten Jahres noch immer offen, erfolgt eine dezidierte Aufforderung mit Verjährungshinweis und Terminvorschlägen für den Urlaubsverbrauch. Diesbezüglich wäre es wohl ideal und ratsam, den AN Terminvorschläge zu typischen Urlaubszeiten (wie Sommer, Weihnachten, Ostern) zu machen. Anbieten würde sich nach *Gerhartl* zudem, dieses System zu digitalisieren und das Urlaubsjahr für alle AN zu vereinheitlichen, um Schwierigkeiten in der Umsetzung zu verhindern.[462] Wollen AG ihrer Urlaubssorgepflicht nicht so umfassend wie im Ampelsystem nachkommen, müssen sie Aufforderung und Hinweis spätestens zu jenem Zeitpunkt vornehmen, zu dem eine Inanspruchnahme des von der Verjährung bedrohten Urlaubsanspruchs noch vor der Verjährung möglich ist, wobei auch eine entsprechende Vorlaufzeit für die Urlaubsplanung einzuräumen ist. Nicht rechtzeitig wird es idR[463] sein, wenn Aufforderung und Hinweis erst zwei oder drei Monate vor der Verjährung erfolgen.[464] Hinsichtlich der Form von Aufforderung und Verjährungshinweis empfiehlt sich – schon zu Beweiszwecken – Schriftlichkeit.[465]

Beim Wechsel des Beschäftigungsausmaßes ist es neben der Erfüllung der Urlaubssorgepflicht ratsam, einer Änderung des Beschäftigungsausmaßes (speziell Voll- auf Teilzeit) – nach Möglichkeit – erst zuzustimmen, wenn offene Urlaubsansprüche verbraucht wurden. Ist bzw war dies nicht möglich und ist zum Zeitpunkt der Änderung noch Urlaub offen, haben sich AG beim Wechsel von Teil- auf Vollzeit jedenfalls an die strengere Judikatur des OGH zu halten – die Urlaubstage sind aufzuwerten und es ist das Vollzeitentgelt während des Urlaubs zu bezahlen. Beim Wechsel von Voll- auf Teilzeit wird es als pragmatischer angesehen, sich – bis zu einer allfälligen unionsrechtlichen Beanstandung – ebenfalls an die OGH-Rsp zu halten.[466] In diesem Fall sollen sich AG aber darüber bewusst sein, dass es in der Zukunft zu Nachzahlungen kommen könnte. Will man keine

---

461 *Gerhartl*, ASoK 2023, 159 (161 f).

462 *Gerhartl*, ASoK 2023, 159 (161 f).

463 Anm: Sind nur noch ein paar wenige Urlaubstage offen, könnten Aufforderung und Hinweis freilich auch zwei bis drei Monate vor der Verjährung noch rechtzeitig sein.

464 *Gerhartl*, ASoK 2023, 159 (162); *Niksova*, wbl 2022, 481 (484 f) mwN.

465 BAG 19.02.2019, 9 AZR 423/16; *Auer-Mayer*, DRdA 2023, 179 (187); *Gerhartl*, ASoK 2023, 159 (162); *Mair*, DRdA 2019/37, 416 (420); *Mazal*, ecolex 2023/552, 871 (871); *Niksova*, wbl 2022, 481 (484) mwN; *Vanek*, AnwBl 2023/340, 742 (744).

466 *Auer-Mayer*, ZAS 2020/22, 126 (129).

Nachzahlungen riskieren und dem EuGH entsprechen, dürfen Urlaubstage und Entgelt beim Wechsel von Voll- auf Teilzeit nicht gekürzt werden.

Hinsichtlich der Verjährung gilt es, pro futuro der Urlaubssorgepflicht nachzukommen und die Urlaubsansprüche der AN im Auge zu behalten.[467] Was die Vergangenheit betrifft, wären AG gut darin beraten, zu prüfen, ob es seit 1996 (öffentliche AG) bzw 2009 (private AG) zu vermeintlichen Verjährungen gekommen ist. Diese Prüfung empfiehlt sich jedenfalls mit Blick auf noch aktive AN sowie jene AN, deren Arbeitsverhältnis erst vor Kurzem geendet hat. Dies, da ohne Prüfung auf verjährt geglaubte, aber nun doch noch offene Urlaubsansprüche nicht aufmerksam gemacht werden kann – mit der Konsequenz, dass diese auch weiterhin nicht verjähren würden.[468] Ohne eine solche Prüfung bleibt auch unklar, wie hoch eine finanzielle Belastung gegebenenfalls ausfallen könnte.

Mit Blick auf die Unionsrechtswidrigkeit beim Zusammenfallen von Krankheits- und Jahresurlaub ist noch unklar, wie genau es die Unionsrechtswidrigkeit zu vermeiden gilt. Zum einen könnte man iS einer laufenden Betrachtung Urlaubstage im laufenden Urlaubsjahr bei Erkrankungen unter vier Tagen so lange gutschreiben, bis der unionsrechtliche Mindestanspruch erfüllt ist. Zum anderen könnte man eine Endbetrachtung vornehmen und Urlaubstage nur dann gutschreiben, wenn sich am Ende herausstellt, das es aufgrund von § 5 UrlG zu einer Beschneidung des unionsrechtlichen Mindesturlaubsanspruchs gekommen ist. Als Minimum erforderlich ist wohl wenigstens die Endbetrachtung. Arbeitnehmerfreundlicher wäre aber jedenfalls die laufende Betrachtung. Hinsichtlich der möglichen Unionsrechtswidrigkeit der Verschuldensvoraussetzung in § 5 UrlG ist darüber hinaus empfehlenswert, bei einem verschuldeten Krankenstand mit dem oder der AN abzuklären, ob diese mit dem Urlaubsverbrauch tatsächlich einverstanden sind. Sollte dies nicht der Fall sein, wäre ein einvernehmliches Abgehen von der Urlaubsvereinbarung zweckdienlich.

Was auf AG-Seite zum Schluss noch die neue Rechtslage zur Urlaubsersatzleistung bei unberechtigtem Austritt betrifft, kann die Vereinbarung einer Konventionalstrafe als Ersatz für die frühere Sanktion des Entfalls der Urlaubsersatzleistung bei unberechtigtem Austritt Abhilfe schaffen.[469] Schäden, die dem oder der AG aus dem unberechtigten Austritt entstehen, können ansonsten über das Schadenersatzrecht geltend gemacht werden.

Handlungsempfehlungen ergeben sich aber nicht nur für die AG, sondern auch für die AN. Auf AN-Seite ist es mit Blick auf die Urlaubsverjährung zunächst ratsam, auch selbst zu überprüfen, ob es in der Vergangenheit zu einer vermeintlichen Verjährung von Urlaubsansprüchen gekommen ist. Diese verjährt geglaubten Urlaubsansprüche verjähren

---

467 *Vanek*, AnwBl 2023/340, 742 (744).

468 Vgl *Auer-Mayer*, DRdA 2023, 179 (187).

469 *Rauch*, Arbeitsrecht 2023 – ASoK-Spezial (2023) 20.

zwar ohne entsprechende Prüfung durch den oder die AG und nachträgliche Erfüllung der Urlaubssorgepflicht auch weiterhin nicht, ist jedoch ein Naturalverbrauch gewünscht, müssen sich AN selbst ein Bild über ihre offenen Urlaubsansprüche verschaffen, um den Urlaub gegebenenfalls von dem oder der AG einfordern zu können. Eine solche Überprüfung wäre zudem erforderlich, um eine Urlaubsersatzleistung für verjährt geglaubte Urlaubsansprüche nachfordern zu können, wenn das Arbeitsverhältnis schon beendet ist. Für die Zukunft ist hinsichtlich der Urlaubsverjährung aus AN-Perspektive noch zu beachten, dass sich aus der Urlaubssorgepflicht nicht ergibt, dass der oder die AG jedem Urlaubswunsch zustimmen muss. Diesbezüglich gilt nach wie vor das nationale Vereinbarungsprinzip.[470] Die Ablehnung eines Urlaubswunsches verhindert daher die Verjährung idR[471] nicht.

Kommt es zu einer Änderung des Beschäftigungsausmaßes – speziell von Voll- auf Teilzeit – empfiehlt es sich für AN, den oder die AG mit Verweis auf die EuGH-Rsp gegebenenfalls darauf hinzuweisen, dass die Urlaubstage nicht gekürzt werden dürfen und/oder das höhere Entgelt bezahlt werden muss. Gleichermaßen ist es beim Zusammenfallen von Krankenstand und Urlaub ratsam, den Krankenstand dem oder der AG auch dann zu melden und gegebenenfalls eine ärztliche Bestätigung über die Arbeitsunfähigkeit einzuholen, wenn die Erkrankung nur bis zu drei Tage dauert.

Bezüglich der neuen Rechtslage zur Urlaubsersatzleistung bei unberechtigtem Austritt seien AN zum Schluss noch darauf hingewiesen, dass die Unionsrechtsprechung und Novellierung von § 10 Abs 2 UrlG nichts an der Tatsache ändern, dass ein unberechtigter AN-Austritt einen Vertragsbruch darstellt. Dass nun trotz unberechtigten Austritts teilweise ein Anspruch auf Urlaubsersatzleistung besteht, schützt folglich nicht vor allfälligen, eventuell auch höheren Schadenersatzforderungen des oder der AG.

[470] *Gerhartl*, ASoK 2023, 159 (162).

[471] Anm: Erst bei wiederholten Ablehnungen von Urlaubswünschen ist davon auszugehen, dass der AG den Urlaubsverbrauch nicht wie erforderlich ermöglicht (*Auer-Mayer*, DRdA 2023, 179 (187)).

Verzeichnisse

Rechtsprechungsverzeichnis

Europäischer Gerichtshof

EuGH 06.10.1982, C-283/81 (CILFIT) ECLI:EU:C:1982:335
EuGH 15.10.1986, C-168/85 (Kommission/Italien) ECLI:EU:C:1986:381
EuGH 13.11.1990, C-106/89 (Marleasing) ECLI:EU:C:1990:395
EuGH 13.07.2000, C 456/98 (Centrosteel) ECLI:EU:C:2000:402
EuGH 26.06.2001, C-173/99 (BECTU) ECLI:EU:C:2001:356
EuGH 18.03.2004, C-342/01 (Merino Gómez) ECLI:EU:C:2004:160
EuGH 22.11.2005, C-144/04 (Mangold) ECLI:EU:C:2005:709
EuGH 16.03.2006, C-131/04 und C-257/04 (Robinson-Steele ua) ECLI:EU:C:2006:177
EuGH 06.04.2006, C-124/05 (Federatie Nederlandse Vakbeweging) ECLI:EU:C:2006:244
EuGH 20.01.2009, C-350/06 und C-520/06 (Schultz-Hoff ua) ECLI:EU:C:2009:18
EuGH 10.09.2009, C-277/08 (Vicente Pereda) ECLI:EU:C:2009:542
EuGH 19.01.2010, C-555/07 (Kücükdeveci) ECLI:EU:C:2010:21
EuGH 22.04.2010, C-486/08 (Zentralbetriebsrat der Landeskrankenhäuser Tirols) E-CLI:EU:C:2010:215
EuGH 15.09.2011, C-155/10 (Williams ua) ECLI:EU:C:2011:588
EuGH 22.11.2011, C-214/10 (KHS) ECLI:EU:C:2011:761
EuGH 24.01.2012, C-282/10 (Dominguez) ECLI:EU:C:2012:33
EuGH 03.05.2012, C-337/10 (Neidel) ECLI:EU:C:2012:263
EuGH 21.06.2012, C-78/11 (ANGED) ECLI:EU:C:2012:372
EuGH 22.12.2012, C-279/09 (DEB) ECLI:EU:C:2010:811
EuGH 21.02.2013, C-194/12 (Maestre García) ECLI:EU:C:2013:102
EuGH 13.06.2013, C-415/12 (Brandes) ECLI:EU:C:2013:398
EuGH 18.07.2013, C-426/11 (Alemo-Herron) ECLI:EU:C:2013:521
EuGH 19.09.2013, C-579/12 RX-II (Überprüfung Kommission/Strack) ECLI:EU:C:2013:570
EuGH 22.05.2014, C-539/12 (Lock) ECLI:EU:C:2014:351
EuGH 12.06.2014, C-118/13 (Bollacke) ECLI:EU:C:2014:1755
EuGH 11.11.2015, C-219/14 (Greenfield) ECLI:EU:C:2015:745
EuGH 19.04.2016, C-441/14 (Dansk Industri) ECLI:EU:C:2016:278
EuGH 30.06.2016, C-178/15 (Sobczyszyn) ECLI:EU:C:2016:502

EuGH 20.07.2016, C-341/15 (Maschek) ECLI:EU:C:2016:576
EuGH 29.11.2017, C-214/16 (King) ECLI:EU:C:2017:914
EuGH 14.04.2018, C-414/16 (Egenberger) ECLI:EU:C:2018:257
EuGH 04.10.2018, C-12/17 (Dicu) ECLI:EU:C:2018:799
EuGH 06.11.2018, C-569/16 und C-570/16 (Bauer und Willmeroth) ECLI:EU:C:2018:871
EuGH 06.11.2018, C-619/16 (Kreuziger) ECLI:EU:C:2018:872
EuGH 06.11.2018, C-684/16 (Max-Planck-Gesellschaft) ECLI:EU:C:2018:874
EuGH 13.12.2018, C-385/17 (Hein) ECLI:EU:C:2018:1018
EuGH 22.01.2019, C-193/17 (Cresco) ECLI:EU:C:2019:43
EuGH 19.11.2019, C-609/17 und C-610/17 (TSN und AKT) ECLI:EU:C:2019:981
EuGH 25.06.2020, C-762/18 und C-37/19 (Varhoven kasatsionen sad na Republika Bulgaria) ECLI:EU:C:2020:504
EuGH 28.10.2021, C-909/19 (Unitatea Administrativ Teritorială D) ECLI:EU:C:2021:893
EuGH 25.11.2021, C-233/20 (job-medium) ECLI:EU:C:2021:960
EuGH 09.12.2021, C-217/20 (Staatssecretaris van Financiën) ECLI:EU:C:2021:987
EuGH 13.01.2022, C-514/20 (Koch Personaldienstleistungen) ECLI:EU:C:2022:19
EuGH 22.09.2022, C-120/21 (LB) ECLI:EU:C:2022:718
EuGH 22.09.2022, C-518/20 und C-727/20 (Fraport ua) ECLI:EU:C:2022:707
EuGH 27.04.2023, C-192/22 (Bayerische Motoren Werke) ECLI:EU:C:2023:347
EuGH 10.10.2023, C-795/22 (Direccion000 ua) ECLI:EU:C:2023:783
EuGH 12.10.2023, C-57/22 (Ředitelství silnic a dálnic) ECLI:EU:C:2023:770
EuGH 14.12.2023, C-206/22 (Sparkasse Südpfalz) ECLI:EU:C:2023:984

Schlussanträge der Generalanwaltschaft

GA 27.10.2005, C-131/04 und C-257/04 (Robinson-Steele ua) ECLI:EU:C:2005:650
GA 04.06.2019, C-609/17 und C-610/17 (TSN und AKT) ECLI:EU:C:2019:459
GA 15.04.2021, C-233/20 (job-medium) ECLI:EU:C:2021:304
GA 05.05.2022, C-120/21 (LB) ECLI:EU:C:2022:367
GA 04.05.2023, C-206/22 (Sparkasse Südpfalz) ECLI:EU:C:2023:384
GA 08.06.2023, C-218/22 (Comune di Copertino) ECLI:EU:C:2023:465

Anhängige Vorabentscheidungsverfahren

Vorabentscheidungsersuchen vom 24.03.2022, C-218/22 (Comune di Copertino)
Vorabentscheidungsersuchen vom 09.11.2022, C-689/22 (Unione di Comuni Alta Marmilla)
Vorabentscheidungsersuchen vom 07.12.2022, C-749/22 (I GmbH)

Oberster Gerichtshof – Entscheidungen

OGH 03.06.1952, 4 Ob 75/52
OGH 10.07.1952, 4 Ob 84/52
OGH 06.09.1983, 4 Ob 89/83
OGH 18.10.1983, 4 Ob 190/82
OGH 02.12.1987, 9 Ob A 154/87
OGH 15.06.1988, 9 Ob A 132/88
OGH 10.05.1989, 9 Ob A 75/89
OGH 22.11.1989, 9 Ob A 306/89
OGH 24.10.1990, 9 Ob A 172/90
OGH 15.05.1996, 9 Ob A 2012/96i
OGH 12.06.1996, 9 Ob A 2082/96h
OGH 05.05.1999, 9 Ob A 60/99k
OGH 27.01.2000, 8 Ob S 178/99f
OGH 05.09.2001, 9 Ob A 77/01s
OGH 16.10.2002, 9 Ob A 90/02d
OGH 26.02.2003, 9 Ob A 221/02v
OGH 06.10.2005, 8 Ob A 41/05w, infas 2006, A26 = DRdA 2006, 151 = Arb 12.568 = RdW 2006, 352 = DRdA 2006/31 (*Ziehensack*)
OGH 09.05.2007, 9 Ob A 39/07m
OGH 24.10.2012, 8 Ob A 35/12y, ARD 6300/1/2013 = Jus-Extra OGH-Z 5311 = EvBl 2013/50, 359 (*Kohlbacher*) = RdW 2013/90, 93 (*Tuma*) = ZAS Judikatur 2013/29 = ZAS 2013/24, 149 (*Schrank*) = infas 2013, A37 = DRdA 2013/34, 337 (*Gerhartl*) = DRdA 2013, 433 = Arb 13.079 = ZAS 2014/28, 178 (*Drs*) = ZAS 2014/19, 110 (*Schrank*) = SZ 2012/113
OGH 22.07.2014, 9 Ob A 20/14b, ARD 6421/6/2014 = JBl 2015, 56 = Jus-Extra OGH-Z 5692 = Jus-Extra OGH-Z 5693 = RdW 2014/781, 722 = ZAS Judikatur 2015/1 = ZAS 2015/13, 76 (*Gerhartl*) = DRdA infas 2015/21, 19 = DRdA 2015/24, 190 (*Kozak*) = Arb 13.161 = SZ 2014/67 = ZAS 2016/22, 114 (*Schrank*)
OGH 19.12.2014, 8 Ob A 80/14v, ARD 6441/5/2015 = ZAS-Judikatur 2015/54 = RdW 2015/285, 311 = DRdA infas 2015/119, 146 = ecolex 2015/248, 599 = Arb 13.195 = ZAS 2016/22, 114 (*Schrank*)
OGH 28.08.2018, 8 Ob A 47/18x, ARD 6622/8/2018 = DRdA infas 2018/194, 355 = RdW 2018/515, 686 (Info aktuell) = RdW 2018/606, 802 = ZAS Judikatur 2019/1 = Arb 13.527 = ZAS 2020/21, 105 (*Schrank*)
OGH, 29.08.2019, 8 Ob A 62/18b, ARD 6672/6/2019 = RdW 2019/581, 736 (Info aktuell) = RdW 2019/663, 850 = Arb 13.613 = DRdA-infas 2020/14, 23 (*Tinhof*) = DRdA 2020/36, 378 (*Auer-Mayer*) = JAS 2020, 225 (*Drs*) = ZAS 2021/15, 83 (*Kietaibl*)

OGH 24.04.2020, 8 Ob S 1/20k, ZIK 2020/212, 168 = SSV-NF 34/31
OGH 24.04.2020, 8 Ob S 2/20g, SSV-NF 34/32
OGH 29.04.2020, 9 Ob A 137/19s, RZ 2020, 211 EÜ224 = EvBl LS 2020/129 = ARD 6776/8/2021 (*Lindmayr*)
OGH 27.05.2021, 9 Ob A 88/20m, DRdA-infas 2021/186, 391 (*Tinhof*) = EvBl 2021/138, 990 (*Hargassner*) = JAS 2022, 42 (*Kietaibl*) = Arb 13.746
OGH 17.02.2022, 9 Ob A 147/21i, EvBl 2022/92, 724 (*Hargassner/Pfalz*)
OGH 17.02.2022, 9 Ob A 150/21f, ZAS 2022/36, 221 (*Brameshuber*) = DRdA-infas 2022/109, 236 (*Tinhof*) = DRdA 2022/43, 505 (*Mathy*) = ZAS 2023/22, 104 (*Schrank*) = Arb 13.796
OGH 22.02.2022, 8 Ob A 95/21k
OGH 22.02.2022, 8 Ob A 99/21y, ARD 6825/7/2022
OGH 29.06.2022, 8 Ob A 37/22g, ecolex 2022/502, 740 (*Mazal*)
OGH 27.06.2023, 8 Ob A 23/23z, ARD 6868/6/2023 = RdW 2023/600, 814 = ecolex 2023/552, 871 (*Mazal*) = AnwBl 2023/340, 242 (*Vanek*)

Oberster Gerichtshof – Rechtssätze

RIS-Justiz RS0058728
RIS-Justiz RS0064276
RIS-Justiz RS0111214
RIS-Justiz RS0112669
RIS-Justiz RS0114158

Oberlandesgerichte

OLG Wien 06.06.2005, 9 Ra 29/05h
OLG Wien 21.11.2008, 9 Ra 87/08t

Verwaltungsgerichtshof

VwGH 11.10.2007, 2006/12/0167
VwGH 25.04.2019, Ra 2018/07/0410

Bundesarbeitsgericht [Deutschland]

BAG 19.02.2019, 9 AZR 423/16
BAG 20.12.2022, 9 AZR 266/20
BAG 31.1.2023, 9 AZR 456/20

Rechtsquellenverzeichnis

Gesetzesmaterialien, Stellungnahmen und Informationen

21/ME XXI. GP
AB 276 BlgNR XIV. GP
ErlRV 150 BlgNR XIV. GP
ErlRV 156 BlgNR V. GP
ErlRV 364 BlgNR X. GP
Sozialpolitische Informationen 155/94
Stellungnahme der Industriellen-Vereinigung (8/SN-21/ME)
Stellungnahme der Wirtschaftskammer (10/SN-21/ME)

Kollektivverträge

Kollektivvertrag für Angestellte im österreichischen Bäckergewerbe
Kollektivvertrag für Angestellte und Lehrlinge in Handelsbetrieben
Rahmenkollektivvertrag für Angestellte der Industrie

Internationale Dokumente – Internationale Arbeitsorganisation

Übereinkommen 132 über den bezahlten Jahresurlaub (Neufassung). Genf vom 03.06.1970 [Übereinkommen 132]

Richtlinien und andere Dokumente der Europäischen Union

Erläuterungen zur Charta der Grundrechte, ABl C 2007/303, 17

Richtlinie 93/104/EG des Rates vom 23. November 1993 über bestimmte Aspekte der Arbeitszeitgestaltung, ABl L 1993/307, 18 [Arbeitszeitrichtlinie (alt); nicht mehr in Kraft]

Richtlinie 97/81/EG des Rates vom 15. Dezember 1997 zu der von UNICE, CEEP and EGB geschlossenen Rahmenvereinigung über Teilzeitarbeit - Anhang: Rahmenvereinbarung über Teilzeitarbeit, ABl L 1998/14, 9 [Rahmenvereinbarung über Teilzeitarbeit]

Richtlinie 1999/70/EG des Rates vom 28. Juni 1999 zu der EGB-UNICE-CEEP-Rahmenvereinbarung über befristete Arbeitsverträge, ABl L 1999/175, 43 [Rahmenvereinbarung über befristete Arbeitsverträge]

Richtlinie 2003/88/EG des Europäischen Parlaments und des Rates vom 4. November 2003 über bestimmte Aspekte der Arbeitszeitgestaltung, ABl L 2003/299, 9 [Arbeitszeitrichtlinie]

Richtlinie 2006/54/EG des Europäischen Parlaments und des Rates vom 5. Juli 2006 zur Verwirklichung des Grundsatzes der Chancengleichheit und Gleichbehandlung von

Männern und Frauen in Arbeits- und Beschäftigungsfragen (Neufassung), ABl L 2006/204, 23 [Gleichbehandlungsrichtlinie]

Literaturverzeichnis

Ahrends, Das europäisierte Urlaubsrecht (2019) [*Ahrends*, Das europäisierte Urlaubsrecht]

AK, Stress am Arbeitsplatz <https://arbeiterkammer.at/beratung/ArbeitundGesundheit/psychischebelastungen/Stress_am_Arbeitsplatz.html> (01.01.2024)

Auer-Mayer, (Keine) Verjährung arbeitsrechtlicher Ansprüche? DRdA 2018, 299 [*Auer-Mayer*, DRdA 2018, 299]

Auer-Mayer, Ausgewählte Rechtsprobleme rund um Urlaub und Feiertage, ZAS 2020/22, 126 [*Auer-Mayer*, ZAS 2020/22, 126]

Auer-Mayer, Erkrankung im Urlaub, in RDB Keywords (2023)

Auer-Mayer, Keine unionsrechtlichen Auswirkungen auf die Verjährung des Urlaubsanspruchs nach § 4 Abs 5 UrlG?, DRdA 2020/36, 378 [*Auer-Mayer*, DRdA 2020/36, 378]

Auer-Mayer, Unionsrecht statt Urlaubsgesetz?, DRdA 2023, 179 [*Auer-Mayer*, DRdA 2023, 179]

Auer-Mayer, Unionsrechtliche Auswirkungen auf das Urlaubsrecht, ZAS 2018/3, 12 [*Auer-Mayer*, ZAS 2018/3, 12]

Auer-Mayer, Urlaub, in RDB Keywords (2023)

Auer-Mayer, Urlaubsersatzleistung, in RDB Keywords (2023)

Balla, Urlaubsanspruch bei Reduktion der Arbeitszeit, DRdA 2011, 197 [*Balla*, DRdA 2011, 197]

Barnard, EC Employment Law, 3. Auflage (2006)

Bayreuther, Neue Urlaubsrechtsprechung des EuGH, NZA 2022, 1381 [*Bayreuther*, NZA 2022, 1381]

Bell, Drittwirkung der Charta der Grundrechte der Europäischen Union und ihre Folgen für das nationale Arbeitsrecht, DRdA 2019/28, 324 [*Bell*, DRdA 2019/28, 324]

Brameshuber, Urlaubsersatzleistung bei unberechtigtem vorzeitigem Austritt für die ersten vier Urlaubswochen, ZAS 2022/36, 221

Brenn, Anspruch auf Vergütung des Jahresurlaubs bleibt bei Tod bestehen, ÖJZ 2014/129, 888

Bundesministerium für Bildung Wissenschaft und Forschung, Sonderurlaub: Rundschreiben Nr 22/2013 <https://rundschreiben.bmbwf.gv.at/rundschreiben/?id=655> (01.01.2024)

Bürgmann, Mehr Urlaub für alle! <https://www.oegb.at/themen/arbeitsrecht/urlaub/mehr-urlaub-fuer-alle-> (01.01.2024)

Cerny, Urlaubsrecht: Gesetze und Kommentare Nr 4, 10. Auflage (2011) [*Cerny*, Urlaubsrecht^{10}]

Cole/Crisp, Working Time Regs & BECTU, Tolley's Employment Law Newsletter 2001/7/2, 11 [*Cole/Crisp*, Tolley's Employment Law Newsletter 2001/7/2, 11]

de Bloom/Kompier/Geurts/Weerth/Taris/Sonnentag, Do We Recover From Vacation? Meta-Analysis of Vacation Effects on Health and Well-Being, Journal of Occupational Health 2009/51/1, 13

Dolnicar/Yanamandram/Cliff, The Contribution of Vacations to Quality of Life, Annals of Tourism Research 2012/39/1, 59

Drs, Neues aus dem Arbeits- und Sozialrecht. Das Arbeitsrechtsänderungsgesetz 2000, RdW 2000/453, 479

Drs, Urlaubsanspruch bei Wechsel von Teilzeit zu Vollzeit, ZAS 2014/28, 178

Drs, Urlaubsrecht: Gesetze und Kommentare Nr 4, 11. Auflage (2019) [*Drs*, Urlaubsrecht^{11}]

Drs, Urlaubsverjährung bei Scheinselbständigkeit - OGH im Spannungsverhältnis zur EuGH-Rechtsprechung, JAS 2020, 225 [*Drs*, JAS 2020, 225]

Dvořák, Urlaubsverjährung widerspricht Unionsrecht, DRdA 2023/27, 263 [*Dvořák*, DRdA 2023/27, 263]

Edthaler/Traxler, EuGH: Kein automatischer Verfall von Urlaubsansprüchen. Auswirkungen auf die österreichische Rechtslage?, ASoK 2019, 2 [*Edthaler/Traxler*, ASoK 2019, 2]

Erler, Auswirkungen der Veränderung des Beschäftigungsausmaßes auf den Urlaubsanspruch, ASoK 2014, 207 [*Erler*, ASoK 2014, 207]

Erler, Auswirkungen der Veränderung des Beschäftigungsausmaßes auf den Urlaubsanspruch bei Vertragsbediensteten, ÖZPR 2014/88, 132

Erler, Der EuGH bewirkt massive Änderungen im österreichischen Urlaubsgesetz, ÖZPR 2019/3, 4 [*Erler*, ÖZPR 2019/3, 4]

Erler, Der Urlaubsbegriff im Unionsrecht und dessen Auswirkungen auf das österreichische und deutsche Urlaubsrecht (2018) [Dissertation Universität Linz] [*Erler*, Der Urlaubsbegriff im Unionsrecht]

Erler, EuGH: Ein offener Urlaubsanspruch ist unabhängig von der Beendigungsart des Arbeitsverhältnisses auszubezahlen!, ÖZPR 2021/100, 170

Erler, Krank im Urlaub? Urlaub und Krankenstand sind nicht vereinbar, ecolex 2019, 166 [*Erler*, ecolex 2019, 166]

Erler, Urlaubsersatzleistung gebührt auch bei unberechtigtem Austritt, ecolex 2016, 854 [*Erler*, ecolex 2016, 854]

Etzion, Annual Vacation: Duration of Relief From Job Stressors and Burnout, Anxiety, Stress, and Coping 2003/16/2, 213

Eypeltauer, Offener Urlaub bei Änderung des Ausmaßes der Arbeitszeit: Neuberechnung?, ecolex 2014, 165

Fieberg, Urlaubsanspruch bei Übergang in Teilzeit – Neues aus Luxemburg, NZA 2010, 925

Friedrich, Verjährung und Verfall des Urlaubsanspruchs im europäischen Kontext, ASoK 2021, 137 [*Friedrich*, ASoK 2021, 137]

Fuhlrott/Schäffer, Urlaub ohne Ende: Verfall und Verjährung, ArbR Aktuell 2023, 86

Gallner in Franzen/Gallner/Oetker (Hg), Kommentar zum europäischen Arbeitsrecht, 5. Auflage (2024) RL 2003/88/EG Art 7 Jahresurlaub [*Gallner* in Kommentar zum europäischen Arbeitsrecht^{5} RL 2003/88/EG Art 7 Jahresurlaub]

Gerhartl, Aliquotierung des Urlaubsanspruchs bei Teilzeit, taxlex 2011, 150 [*Gerhartl*, taxlex 2011, 150]

Gerhartl, Arbeitnehmerpflichten im Krankenstand, ecolex 2014, 550

Gerhartl, Auswirkungen von Arbeitszeitreduktion auf den Urlaubsanspruch, ZAS 2015/13, 76 [*Gerhartl*, ZAS 2015/13, 76]

Gerhartl, Hinweispflicht des Arbeitgebers zum Urlaubsverbrauch, ASoK 2023, 159 [*Gerhartl*, ASoK 2023, 159]

Gerhartl, Urlaub, Beschäftigungsausmaß und Normalarbeitszeit, ASoK 2014, 410

Gerhartl, Urlaubsanspruch bei Wechsel von Teil- auf Vollzeit, DRdA 2013/34, 337 [*Gerhartl*, DRdA 2013/34, 337]

Gerhartl, Urlaubsrecht: Kommentar (2015) [*Gerhartl*, Urlaubsrecht]

Grillberger/Weber, Unbegrenzte Urlaubsersatzleistung bei Scheinselbständigkeit, wbl 2018, 310 [*Grillberger/Weber*, wbl 2018, 310]

Gruber, Urlaub bei Änderung der Zahl der Arbeitstage, ecolex 2013, 261

Holoubek/Lechner/Oswald in Holoubek/Lienbacher (Hg), GRC-Kommentar (2014) Art 51

Isham/Mair/Jackson, Wellbeing and Productivity: A Review of the Literature. CUSP Working Paper Series Nr 22 (2020)

Jarass, Charta der Grundrechte der Europäischen Union: Kommentar, 2. Auflage (2013) Art 51 GRC

Kahl in Calliess/Ruffert (Hg), EUV/AEUV: Kommentar, 6. Auflage (2022) Art 4 EUV [*Kahl* in EUV/AEUV Kommentar^{6} Art 4 EUV]

Kallab, Pflegefreistellung unterbricht Urlaub, DRdA 2003/36, 362

Keller/Augsten, Basiskommentar zum Bundesurlaubsgesetz (2023)

Kietaibl, Möglichkeiten und Grenzen der Urlaubsbemessung bei Änderung des Beschäftigungsausmaßes de lege lata und de lege ferenda, JRP 2021, 221 [*Kietaibl*, JRP 2021, 221]

Kietaibl, Urlaubsverjährung bei Scheinselbständigkeit, ZAS 2021/15, 83 [*Kietaibl*, ZAS 2021/15, 83]

Kietaibl, Urlaubsverjährung und unionsrechtliche „Urlaubsfürsorgepflicht" des AG, JAS 2022, 42 [*Kietaibl*, JAS 2022, 42]

Kim/Kim/Woo/Park/Jo/Park/Lim, The Relationship Between Work Engagement and Organizational Commitment: Proposing Research Agendas Through a Review of Empirical Literature, Human Resource Development Review 2017/16/4, 350

Kim/Kolb/Kim, The Relationship Between Work Engagement and Performance: A Review of Empirical Literature and a Proposed Research Agenda, Human Resource Development Review 2012/12/3, 248

Kingreen in Calliess/Ruffert (Hg), EUV/EGV, 3. Auflage (2007) Art 51 GRC

Klamert/Stöger in Jaeger/Stöger (Hg), EUV/AEUV (2023) Art 4 EUV [*Klamert/Stöger* in EUV/AEUV Art 4 EUV]

Klein, Urlaub bei Wechsel zwischen Vollzeit und Teilzeit – zur Auflösung des Spannungsfeldes zwischen nationaler und europäischer Judikatur auf Basis eines vollständigen Urlaubsbegriffs, DRdA 2014, 398 [*Klein*, DRdA 2014, 398]

Kohlbacher, Urlaubsanspruch: Wechsel von Teilzeit- zu Vollzeitarbeit, EvBl 2013/50, 359 [*Kohlbacher*, EvBl 2013/50, 359]

Kopetzki, Das Grundrecht auf Jahresurlaub: Neues zur Charta und ihrer Drittwirkung, ecolex 2019, 97

Kozak, Der OGH als Retter des Gesetzgebers, DRdA 2015/24, 190 [*Kozak*, DRdA 2015/24, 190]

Kröll in Holoubek/Lienbacher (Hg), GRC-Kommentar, 2. Auflage (2019) Art 31 [*Kröll* in GRC-Kommentar^2 Art 31]

Kühnel/Sonnentag, How Long Do You Benefit From Vacation? A Closer Look at the Fade-Out of Vacation Effects, Journal of Organizational Behavior 2011/32/1, 125

Kuras, Vorlagepflicht und Sinnhaftigkeit von Vorlagen, in Kozak (Hg), EuGH und Arbeitsrecht (2015) 1

Lang, Verhaltenspflichten im Krankenstand, ASoK 2014, 129

Lindmayr, Anspruch auf Urlaubsersatzleistung bei Beendigung des Dienstverhältnisses, ARD 6821/6/2022, 3

Löschnigg, Arbeitsrecht, 13. Auflage (2017)

Ludvik, Urlaubsverfall bei Arbeitnehmeraustritt. Der Urlaubsverfall austretender Arbeitnehmer ist unionsrechtswidrig – gilt das auch für den nationalen Urlaubsteil?, ASoK 2022, 2 [*Ludvik*, ASoK 2022, 2]

Ludvik, Urlaubsverfall bei Austritt des Arbeitnehmers ist unionsrechtskonform: § 10 Abs 2 UrlG im Lichte der EuGH-Judikatur, ASoK 2019, 325 [*Ludvik*, ASoK 2019, 325]

Mair, Highlights aus der aktuellen Rechtsprechung des EuGH in Arbeits- und Sozialrechtssachen, in Wachter (Hg), Jahrbuch Arbeitsrecht und Sozialrecht 17 (2017) 83 [*Mair* in Wachter, Jahrbuch Arbeitsrecht und Sozialrecht 17, 83]

Mair, Nichtverbrauch von Urlaub – Verantwortlichkeit des Arbeitgebers, DRdA 2019/37, 416 [*Mair*, DRdA 2019/37, 416]

Marhold, Keine Urlaubsabfindung bei verschuldeter Entlassung, RdW 1988, 49

Marhold, Wie kleinteilig soll EuGH-Rechtsprechung sein?, ZESAR 1/2022, I

Marhold/Brameshuber/Friedrich, Österreichisches Arbeitsrecht, 4. Auflage (2021)

Marhold/Fuchs/Friedrich, Handbuch: Europäisches Arbeitsrecht, 6. Auflage (2020) [*Marhold/Fuchs/Friedrich*, Europäisches Arbeitsrecht[6]]

Mathy, Teilabschied von § 10 Abs 2 UrlG, DRdA 2022/43, 505 [*Mathy*, DRdA 2022/43, 505]

Mayr, Keine Reduzierung des Urlaubs bei Umstieg von Vollzeit auf Teilzeit, ÖZPR 2010/66, 68

Mayr/Andexlinger, Urlaubsabbruch – Austritt aus dem Urlaubsverhältnis, RdW 1989, 367

Mayr/Erler, Kommentar zum Urlaubsgesetz, 3. Auflage (2019) [*Mayr/Erler*, Urlaubsgesetz[3]]

Mayrhuber/Bittschi, Fehlzeitenreport 2021 <https://www.sozialversicherung.at/cdscontent/load?contentid=10008.762881&version=1639649611> (01.01.2024)

Mazal, Verjährung von Urlaubsansprüchen, ecolex 2023/552, 871 [*Mazal*, ecolex 2023/552, 871]

Nicolle/Briggs, Employment Case Law Update, New Law Journal 2006, 588

Niksova, Das Urlaubsrecht im europäischen Wandel - Eine Analyse der EuGH-Judikatur zum Verfall und zur Verjährung von Urlaubsansprüchen sowie zur Urlaubsersatzleistung, wbl 2022, 481 [*Niksova*, wbl 2022, 481]

Oswald/Proto/Sgroi, Happiness and Productivity, Journal of Labor Economics 2015/33/4, 789

Pellar, Urlaub - vom Privileg zum Rechtsanspruch <https://www.awblog.at/Arbeit/urlaub-vom-privileg-zum-rechtsanspruch> (01.01.2024)

Pfalz, Regelung über den Entfall der Urlaubsersatzleistung bei unberechtigtem vorzeitigem Austritt des Arbeitnehmers teilweise unionsrechtswidrig, EvBl 2022/92, 724 [*Pfalz*, EvBl 2022/92, 724]

Pfeil in Neumayr/Reissner (Hg), Zeller Kommentar zum Arbeitsrecht, Band 1, 3. Auflage (2018) § 27 AngG

Piekenbrock, Der Urlaub, der Tod und die Methodik des Unionsprivatrechts, GPR 2019, 93 [*Piekenbrock*, GPR 2019, 93]

Quirling, EuGH, 16.03.2006 - C-131/04: Integrierte Urlaubsentgeltzahlungen im Arbeitslohn, SpuRt 2007, 157 [*Quirling*, SpuRt 2007, 157]

Rauch, Arbeitsrecht 2023 – ASoK-Spezial (2023)

Rauch, Urlaub bei Veränderung des Ausmaßes der Arbeitszeit, PV-Info 11/2010, 17

Reissner in Neumayr/Reissner (Hg), Zeller Kommentar zum Arbeitsrecht, Band 1, 3. Auflage (2018) § 4 UrlG

Reissner in Neumayr/Reissner (Hg), Zeller Kommentar zum Arbeitsrecht, Band 1, 3. Auflage (2018) § 5 UrlG [*Reissner* in Zeller Kommentar zum Arbeitsrecht I^3 § 5 UrlG]

Reissner in Neumayr/Reissner (Hg), Zeller Kommentar zum Arbeitsrecht, Band 1, 3. Auflage (2018) § 6 UrlG [*Reissner* in Zeller Kommentar zum Arbeitsrecht I^3 § 6 UrlG]

Reissner in Neumayr/Reissner (Hg), Zeller Kommentar zum Arbeitsrecht, Band 1, 3. Auflage (2018) § 10 UrlG [*Reissner* in Zeller Kommentar zum Arbeitsrecht I^3 § 10 UrlG]

Reissner in Neumayr/Reissner (Hg), Zeller Kommentar zum Arbeitsrecht, Band 1, 3. Auflage (2018) § 12 UrlG [*Reissner* in Zeller Kommentar zum Arbeitsrecht I^3 § 12 UrlG]

Renaud/St-Onge/Morin, Do Vacations and Parental Leave Reduce Voluntary Turnover? A Study of Organizations In the ICT Sector In Canada, International Journal of Manpower 2021/42/7, 1224

Ricci, European Developments – BECTU: An Unlimited Right to Annual Paid Leave, Industrial Law Journal 2001, 401 [*Ricci*, Industrial Law Journal 2001, 401]

Riesenhuber, Europäisches Arbeitsrecht, 2. Auflage (2021)

Risak/Grossinger, Verjährung des Urlaubsanspruchs bei Scheinselbständigkeit, JAS 2018, 140

Rongen/Robroek/Schaufeli/Burdorf, The Contribution of Work Engagement to Self-Perceived Health, Work Ability, and Sickness Absence Beyond Health Behaviors and Work-Related Factors, Journal of Occupational and Environmental Medicine 2014/56/8, 892

Rook, Another Blow to UK Employers, New Law Journal 2001, 1216 [*Rook*, New Law Journal 2001, 1216]

Rudkowski in Schlachter/Heinig (Hg), Europäisches Arbeits- und Sozialrecht, 2. Auflage (2021) § 12 Urlaub

Sagan, Arbeitsrecht: Gutschrift von Krankheitstagen während des Urlaubs – Karenztage bei freiwilligem Mehrurlaub, EuZW 2020, 69 [*Sagan*, EuZW 2020, 69]

Sagan, Die Urlaubsabgeltung als Grundrecht, ZAS 2019/38, 211 [*Sagan*, ZAS 2019/38, 211]

Schima in Jaeger/Stöger (Hg), EUV/AEUV (2020) Art 267 AEUV [*Schima* in EUV/AEUV Art 267 AEUV]

Schindler in Gruber-Risak/Mazal (Hg), Arbeitsrecht – System- und Praxiskommentar (40. Lfg 2022) Kapitel XX: Ansprüche bei Beendigung des Arbeitsverhältnisses [*Schindler* in Arbeitsrecht – System- und Praxiskommentar Kapitel XX: Ansprüche bei Beendigung des Arbeitsverhältnisses]

Schonard in Lenz/Borchardt (Hg), EU-Verträge Kommentar, 6. Auflage (2012) Art 51 GRC

Schrank, Ausgewähltes Judikatur-Update 2015, ZAS 2016/22, 114

Schrank, Ausgewähltes Judikatur-Update 2022, ZAS 2023/22, 104

Schrank, EuGH: Neues zum Urlaubsgesetz, RdW 2022/1, 1

Schrank, OGH: Wichtige Klärung zum Urlaubsausmaß, ZAS 2013/24, 149

Schrank, Urlaubsgesetz: Kommentar (2018) [*Schrank*, Urlaubsgesetz]

Schrenk, Verjährung des Erholungsurlaubes im Lichte der Rechtsprechung des EuGH, PV Profi 2022/4, 6 [*Schrenk*, PV Profi 2022/4, 6]

Spenling, Aktuelle Rechtsprechung zum Arbeitsrecht, in Wachter (Hg), Jahrbuch Arbeitsrecht und Sozialrecht 22 (2022) 47

Sprenger, Urlaub verjährt nicht, EuZA 2023, 188

Steiner, Urlaubsanspruch und Beschäftigungsausmaß – Auswirkungen der EuGH-Rechtsprechung auf das UrlG, DRdA 2015, 312 [*Steiner*, DRdA 2015, 312]

Streinz, Europarecht: Anwendungsbereich der EU-Grundrechtecharta, JuS 2020, 373

Streinz, Europarecht, 12. Auflage (2023)

Streinz, Präzisierung des Anwendungsbereichs der EU-Grundrechtecharta, EuZA 2020, 355 [*Streinz*, EuZA 2020, 355]

Syrek/de Bloom/Lehr, Well Recovered and More Creative? A Longitudinal Study on the Relationship Between Vacation and Creativity, Frontiers in Psychology 2021/12, 1

The National Archives, Your Guide to the Working Time Regulations – Section 7 <https://webarchive.nationalarchives.gov.uk/ukgwa/20070603212815/http://www.dti.gov.uk/employment/employment-legislation/employment-guidance/page28979.html#paid_annual> (01.01.2024)

Tinhof, EuGH: Urlaubsersatzleistung auch bei unberechtigtem vorzeitigem Austritt, DRdA-infas 2022/14, 30

Tinhof, Urlaubsverjährung bei „verstecktem" Dienstverhältnis, DRdA-infas 2020/14, 23

Tomandl, Unklarheiten im Urlaubsrecht, ZAS 2013/9, 49

Trautmann, 03/2020 Der Fall Bauer, DeLuxe 2020/03, 1 [*Trautmann*, DeLuxe 2020/03, 1]

Vanek, Verjährung von Urlaubsansprüchen, AnwBl 2023/340, 742 [*Vanek*, AnwBl 2023/340, 742]

Wachter, Urlaubsersatzleistung auch bei ungerechtfertigtem vorzeitigen Austritt, in Wachter (Hg), Jahrbuch Arbeitsrecht und Sozialrecht 22 (2022) 175 [*Wachter* in Wachter, Jahrbuch Arbeitsrecht und Sozialrecht 22, 175]

Weber, Die Kündigungsentschädigung: Ein Schadenersatz mit pönalen Elementen – am Beispiel der Nichtanrechnung nach § 29 Abs 2 AngG, JAP 2018/2019/3, 29 [*Weber*, JAP 2018/2019/3, 29]

Westman/Etzion, The Impact of Vacation and Job Stress on Burnout and Absenteeism, Psychology & Health 2001/16/5, 595

Winter/Wartinger, Pflichten des Arbeitnehmers bei Krankenstand, ZAS 2010, 59

Zaversky, Unionsrechtswidrigkeit des Entfalls der Urlaubsersatzleistung, JAS 2022, 168 [*Zaversky*, JAS 2022, 168]

FSC
www.fsc.org
MIX
Papier | Fördert gute Waldnutzung
FSC® C083411

Kolibri 360 GmbH
Ferdinand-Jühlke-Straße 7
99095 Erfurt, Deutschland
produktsicherheit@kolibri360.de

Druck:
CPI Druckdienstleistungen GmbH
im Auftrag der
Kolibri 360 GmbH
Ferdinand-Jühlke-Str. 7
99095 Erfurt